MARKETING E ARQUÉTIPOS

Símbolos, poder, persuasão

Hélio Couto

coleção metafísica

Hélio Couto

MARKETING E ARQUÉTIPOS

Símbolos, poder, persuasão

3ª edição
São Paulo, 2021

Linear B
editora

Linear B Editora
Rua dos Pinheiros, 1076 cj 52 • Pinheiros
CEP 05422-002 – São Paulo – SP – Brasil
Tel 011 3812-3112 e 3812-2817 – www.linearb.com.br

•

MARKETING E
ARQUÉTIPOS

Símbolos,
poder,
persuasão

1ª edição: Dezembro de 2004
3ª edição: Março de 2021

•

Diagramação e Edição
Linear B Editora
www.linearb.com.br

Capa
Carlos Clémen

Dados Internacionais de Catalogação na Publicação – CIP

C871 Couto, Hélio.
Marketing e arquétipos: símbolos, poder, persuasão. 3ª Edição revisada e atualizada / Hélio Couto. – São Paulo: Linear B Editora, 2021. (Coleção Metafísica).144 p.

1ª Edição. Edição do Autor, 2004 – ISBN 85-98319-01-5;

2ª Edição. Edição do Autor, 2004 – ISBN 978-85-5538-014-3

ISBN 978-85-5538-301-4

1. Aspectos Psicológicos do Marketing. 2. Neuromarketing. 3. Neurolinguística. 4. Neurociência. 5. Marketing. 6. Arquétipos. 7. Metafísica. 8. Consciência. 9. Teoria do Conhecimento. 10. Motivação. I. Título. II. Símbolos, poder, persuasão. III. Série. IV. Jung, Carl Gustav (1875-1961). V. Como tudo começou. VI. A questão da percepção humana (subliminar). VII. Arquétipos e Emoções. VIII. Alguns exemplos das possibilidades. IX. Filmes com o uso de Arquétipos. X. Aplicações. XI. Prosperidade é uma escolha.

CDU 150 **CDD 150**

Catalogação elaborada por Regina Simão Paulino – CRB 6/1154

Introdução

O tema deste livro é o controle da mente, das emoções e do comportamento de qualquer número de pessoas, em qualquer área de atuação humana.

Este é um livro sobre vendas no seu mais amplo sentido. Alguns conceitos e definições serão repetidos várias vezes, como técnica pedagógica para memorização do leitor.

Abordaremos, principalmente, a parte emocional da questão e um pouco a mental. A emocional é a mais importante, porque o consumidor toma as decisões de maneira emocional. Por meio dela é possível controlar todo o comportamento. Quanto ao mental, basta repetir alguma coisa, inúmeras vezes, que o consumidor acaba acreditando que é verdade. Por exemplo, ouço situações como: "Preço mais baixo que o custo de fábrica!"

Carl G. Jung disse certa vez que havia encontrado a chave que abriria todas as portas. Este livro trata disto. Abrir todas as portas para o entendimento do porquê o marketing funciona.

Com o que será explicado aqui, não haverá porta fechada para o seu produto. Sempre existe uma chave. É só pesquisar que ela será encontrada.

O mercado é a mente humana. O consumidor reage emocionalmente e existe uma chave para cada emoção humana e cada comportamento.

A história e, principalmente, a vida moderna estão repletas de provas do que digo. Basta acessar tudo que é divulgado e comprovar que as emoções humanas podem ser usadas para vender qualquer coisa.

Explicarei os conceitos que regem as emoções humanas e darei inúmeros exemplos. Porém, cada caso é um caso. Cada pessoa é uma pessoa. Cada empresa é uma empresa. É preciso analisar cada caso específico, mas existe solução para todos os casos.

Isso é importante. Existe solução para tudo. Cada caso tem sua própria estratégia de solução.

O marketing e a publicidade permeiam toda a vida moderna, em todos os sentidos. Qualquer negócio que não esteja dando os rendimentos adequados possui problema de marketing e publicidade. Algo está errado com a sua publicidade. Com a publicidade, cientificamente dirigida, tudo é possível. Até hoje, isso parecia um mistério muito grande.

Por que tal programa de televisão não dá mais audiência?

Como aumentar a audiência do programa?

Por que o consumidor se comporta de determinada maneira?

Como criar fidelidade à marca?

Por que meus relacionamentos não dão certo?

Por que tal banco "quebrou"?

Por que tal time de futebol tem problemas na final do campeonato?

Por que tal funcionário se comporta assim?

Por que tal candidato foi eleito e outro não?

Por que tal candidato foi "desconstruído" com tanta facilidade?

Por que a estratégia de uma guerra deu errado?

Por que tal filme deu centenas de milhões de dólares de lucro?

Tudo tem explicação científica e pode ser acessível a todos os interessados no controle da mente humana.

Administração em si é algo simples. A Revista *Harvard Business Review* – América Latina traz em sua edição de abril/2004, artigo intitulado: "Jogo Duro: Cinco Estratégias Letais para trucidar a concorrência". A questão é como aplicar estes conceitos. Esse é o *x* do problema.

Neste caso, temos duas variáveis. Primeiro, se é você que irá trucidar o concorrente deverá estar preparado para isso, pois se o concorrente estiver mais preparado que você, quem será trucidado será você. Segundo, como se defender de um concorrente que quer trucidá-lo? Tudo isso são questões de Marketing e Arquétipos.

Usando-se o Arquétipo correto podemos transformar um macho normal em Macho Alpha, e o mesmo vale para a Fêmea Dominante. Não é uma questão de ser possível ou não, e sim da vontade de fazê-lo. Tudo é possível quando se trata com Arquétipos. É preciso deixar isso bem claro, pois assim que se dá uma solução para alguém, a autossabotagem aparece.

No decorrer da nossa explicação, ficará claro que os Arquétipos são as energias mais poderosas que existem e, quando ativados, corretamente, nos dão poder incomensurável.

É melhor avisar que, como já foi dito, Arquétipos não são brincadeira de criança. Portanto, é preciso muito cuidado na utilização deles. O uso correto levará a um estrondoso sucesso e, o uso errado ao mais absoluto fracasso. Não existe meio termo neste assunto. É como manusear uma bomba atômica. É preciso saber o que se faz.

Antes que pense que este é um produto difícil de vender, deixe-me explicar-lhe: o vendedor não está vendendo neurotransmissores. Eles são a explicação do porque da venda, a explicação científica. E são um produto fácil de vender, porque só de antidepressivos são vendidos 14 (quatorze) bilhões de dólares por ano.

À medida que o leitor avançar pelo livro solicito o crédito da dúvida. Caso o leitor refaça toda a pesquisa que fiz, ele chegará, inevitavelmente, à mesma conclusão. A pesquisa feita por outros e a minha própria pesquisa. Porque isto é Ciência.

Tudo que está aqui é aplicado na humanidade há muito tempo. Coloquei absolutamente o necessário, para que o leitor possa ter ideia do assunto e inicie sua pesquisa no tema, caso tenha dúvidas do que é relatado neste livro.

Quanto aos que querem resultados práticos, este é um livro muito valioso. Todo esse conhecimento foi digerido e colocado de forma fácil e simples para os empresários, de todos os setores, entenderem, desde o dono de uma borracharia até o presidente de multinacional.

Este é um assunto extremamente importante, porque trata do controle das emoções e do comportamento das pessoas. Entender como isso é possível é de extrema importância para todos que querem ter sucesso, em qualquer área, e assumir um mínimo de controle sobre as suas vidas, tanto do ponto de vista pessoal como empresarial.

O que será descrito dará uma boa ideia das possibilidades de persuasão atuais. O que será lido será suficiente para entender-se que controlar o comportamento e a motivação humana é muito mais fácil do que se pensa. É isso é feito o tempo todo e poucos sabem sobre.

Estas ferramentas de marketing são poderosas para determinar quais sentimentos deseja-se induzir nas pessoas, fazendo com que se comportem da maneira que se deseja.

Qualquer pensamento, sentimento e comportamento podem ser induzidos, em qualquer número de pessoas. É apenas questão de tempo para que a persuasão funcione.

Caro leitor, não se iluda pensando que o que está explicado neste livro, não existe ou não é tão fácil quanto descrevo. A realidade é muito mais complexa do que parece.

Carl G. Jung sistematizou o que se sabia sobre os Arquétipos, até a época em que viveu.

A maioria das pessoas deve pensar que esse assunto só interessa a psicanalistas, ignorando como tudo isso pode ser aplicado nos mais diversos campos da atividade mental/emocional do ser humano.

A maioria das pessoas não sabe como os Arquétipos podem ser e são usados para vender qualquer produto, desde filmes, músicas etc. E que tudo é um produto.

Na definição do Dr. John Weir Perry, psiquiatra, os Arquétipos são "imagens afetivas". Esta é uma excelente definição para fins práticos. Na verdade, os Arquétipos induzem emoções, através dos neurotransmissores e, como consequência temos os sentimentos conscientes. Advém daí sua possibilidade infinita de induzir e controlar um comportamento.

Este é um livro para as pessoas terem acesso ao conhecimento, verificar como os Arquétipos são utilizados no dia a dia e poderem se defender e, também, para os que pretendem prosperar na Era da Globalização.

Pelo que já foi explicado acima, o leitor pode esperar que o seu concorrente tentará trucidá-lo.

Às vezes, uma pessoa ou empresa pode estar tendo problemas pelo uso indevido de um Arquétipo, e nem perceber que isso está acontecendo. A empresa que usar o Arquétipo correto pode vencer a concorrência, sem a menor chance para os concorrentes.

Este livro mostra que essa ferramenta existe. Estamos falando sobre resultados cientificamente comprováveis, que não dependem apenas de opiniões pessoais.

Notem as marcas que valem bilhões de dólares e perceberão o quanto vale este conhecimento. Acrescente-se que existem empresas que eram pequenas, até que introduziram determinado logotipo.

O que está em jogo no mercado é o controle do comportamento humano. Tudo depende do comportamento do consumidor. Na verdade, o produto em si não é o mais importante. A questão central é a percepção que o consumidor tem do seu produto. O que ele sente a respeito do produto. O valor disso é incalculável, pois as possibilidades são infinitas. As empresas que aplicam este conhecimento têm poder.

A partir do que está explicado aqui, qualquer pessoa que entenda poderá ter sucesso em qualquer área que pretenda atuar. Seus ganhos poderão ser multiplicados muitas vezes, dependendo apenas da vontade e determinação na aplicação dos conceitos aqui definidos.

É aí que os problemas começam a aparecer, porque a questão principal é a autossabotagem que as pessoas praticam. Quando digo pessoas, estou dizendo: pessoas, empresas, países, clubes de futebol, artistas, empresários, instituições de todo tipo etc.

Este livro não pretende ser um tratado enciclopédico sobre o assunto, pois o tempo é muito importante e, quanto antes o leitor tiver acesso a esse conhecimento melhor.

Existem milhares de livros sobre o assunto, mas é preciso explicá-lo de maneira simples e direta para facilitar o seu entendimento. Este assunto é muito complexo e as pessoas querem saber da aplicação prática. Veja as obras completas de Jung para iniciação ao tema.

O que importa para as pessoas que querem resultados, principalmente empresários, é entender o conceito, pois sua aplicação é infinita. Cada pessoa é uma pessoa. Cada empresa é uma empresa. Cada país é um país. Os Arquétipos são universais, mas sua aplicação é individual. É preciso entender que isso existe, para que se possa procurar a solução.

Durante muitos anos de pesquisa sobre este assunto, coletei e pesquisei um número enorme de possibilidades de usos dos Arquétipos, propiciando aos meus alunos, inúmeras oportunidades de crescimento com este conhecimento.

Acredito que é do mais alto interesse tanto pessoal como empresarial, que todos se conscientizem do infinito potencial dos Arquétipos.

Quantos empregos seriam criados se os Arquétipos fossem utilizados, corretamente, pelos empresários?

Quanto o Brasil poderia crescer se utilizasse o Arquétipo correto?

Quantos problemas sociais seriam resolvidos com a utilização correta dos Arquétipos?

Existe solução para todos os problemas e existe o saber para isso. O que falta é apenas colocar em prática o conhecimento já adquirido.

Esse conhecimento tem nome: Neuromarketing ou Marquétipos.

Índice

Capítulo I
Como tudo começou

Há mais ou menos cem anos atrás, quando Freud e Jung iniciavam o que se tornou a Psicanálise, já se sabia da importância dos Arquétipos, da Mitologia e da Simbologia, para as sociedades humanas de qualquer época.

A Arqueologia já demonstrou, sobejamente, como os humanos sempre usaram símbolos (Arquétipos) para induzirem determinados sentimentos e comportamentos em qualquer grupo social.

Veja o excepcional trabalho de Joseph Campbell: *As Máscaras de Deus*, que não deixa nenhuma dúvida sobre isso.

Foram necessários aproximadamente cem anos, para que os cientistas começassem a verificar que a química cerebral pode ter relação com os conceitos usados por Freud.

Pesquise a revista *Scientific American Brasil* – junho de 2004 (número 25) – o artigo: "Freud está de volta" – Mark Solms, sobre Neurobiologia e também a revista Neuro-Psychoanalysis.

Devo ressaltar o que Freud dizia: "As deficiências de nossa descrição, provavelmente, desapareceriam se já pudéssemos substituir os termos psicológicos por termos fisiológicos e químicos".

Note a relação entre o circuito de recompensa, controlado pela dopamina, e a libido descrita por Freud. Ainda é um início, mas já se começou a integrar às descobertas sobre química cerebral e psicanálise freudiana. Isso não impediu que o livro de Freud, *A Interpretação dos Sonhos*, fosse utilizado como ferramenta de vendas pelos empresários. Com Jung acontecerá o mesmo, mas daqui a alguns séculos.

Este livro mostra como os conceitos de Jung e outros se relacionam com vendas, marketing e química cerebral.

Qual é a ciência que está por trás dos Arquétipos.

Qual a ciência que está por trás da publicidade.

Qual a razão de uma publicidade funcionar e outra não.

Tudo tem resposta científica. Enquanto a ciência pesquisa, os empresários vendem. Não é possível esperar um século para se entender como os Arquétipos funcionam em marketing.

É evidente que há muitos milhares de anos, os Xamãs já haviam percebido e contatado aquela parte da realidade em que vivem os Arquétipos.

Para entender é necessário manter a mente aberta e mudar de paradigma. Como é um assunto fora do normal da realidade concreta da vida ficou, até agora, restrito apenas aos interessados e, quase que completamente ignorado pelo público.

O trabalho do psiquiatra Stanislav Grof, propiciou importantes subsídios para o melhor entendimento dos Arquétipos.

Para entender a física envolvida neste assunto, recomendo a leitura do livro *A Janela Visionária* – Dr. Amit Goswami. E também a bibliografia sobre Física Quântica. Sem entender o que os físicos já demonstraram a respeito da realidade é impossível entender o que está explicado neste livro.

As pessoas aceitam, com a maior naturalidade, todas as aplicações práticas em eletrônica de consumo de massa como: computadores, comunicações, celulares, lasers, ressonância magnética funcional etc., mas teimam em ignorar as implicações destas descobertas em outros ramos do conhecimento humano.

Atrás das equações de funções de ondas de Erwin Schrödinger, existe muito mais do que se imagina. Pesquise a correlação não-local entre objetos quânticos comprovada experimentalmente por Alain Aspect e seus colaboradores, para ter ideia da complexidade da realidade.

Para entender os Arquétipos não é necessário ser físico, como os gregos não eram no sentido moderno da palavra. Mas, para os céticos é interessante repensar sua visão de mundo.

Definir os Arquétipos é muito difícil, porque é um assunto extremamente abstrato. Porém, da mesma maneira que a maioria das pessoas não entendem os físicos, mas acreditam no que eles dizem - já que podem sentir os efeitos de uma bomba atômica - devemos acreditar na existência dos Arquétipos, analisando seus efeitos sobre os sentimentos e comportamentos humanos.

Em Ciência, às vezes, não é possível analisar o fato em si, mas determinar as suas propriedades por meio de seus efeitos. Isso é fazer tão boa Ciência como quando se observa o fenômeno no microscópio ou num acelerador nuclear.

A pesquisa que faço é baseada no método científico. Sei que este é um tema muito polêmico que, até hoje, não encontrou concordância na Ciência oficial. O que não impediu que este conhecimento venha sendo utilizado, há milhares de anos, para influenciar o consumidor.

Logo que os primeiros trabalhos de Freud, Jung, Skinner, Rank, Reich e outros começaram a ser publicados, este assunto despertou o interesse das pessoas, para as quais conhecer e determinar o comportamento humano é fundamental.

Este é um conhecimento valiosíssimo, cuja obtenção vale qualquer esforço. Todos nós concordamos que poder prever o comportamento de um grupo social é de extremo valor para várias áreas de atuação humana. É evidente que não demoraria a alguém perceber que o conhecimento sobre o inconsciente pessoal e coletivo poderia ser utilizado de muitas maneiras - com os mais diferentes interesses - além da cura das doenças mentais.

Inúmeras possibilidades de vendas existem, quando se pode atingir um público alvo, no mais recôndito da sua personalidade. Quem pode resistir quando se aperta o botão certo?

Pavlov mostrou como é fácil condicionar um comportamento. Maslow nos deixou a sua Escala de Necessidades. Reich a análise do caráter. Skinner legou o behaviorismo. Freud as fases de desenvolvimento, o inconsciente individual, a análise dos sonhos, entre outras descobertas. Jung o potencial infinito dos Arquétipos, o inconsciente coletivo e sua obra monumental.

À medida que o século 20 avançava, pesquisas e mais pesquisas eram realizadas por psiquiatras, psicanalistas, psicólogos, sociólogos, antropólogos, neurologistas e outros cientistas, com o objetivo de determinar a utilização prática das descobertas da psiquiatria e da psicanálise. Inúmeros estudos foram realizados sobre o tema.

Já faz quase cem anos que isso vem ocorrendo. Até onde chegamos?

Para entender até onde se pode moldar o consentimento humano ou o condicionamento é indispensável analisar, detidamente, as obras de autores como: John B. Watson, B. F. Skinner, Pavlov, Otto Rank, Wilhelm Reich, Ernest Dichter, Clyde Miller, Louis Cheskin, Dale Houghton, Gardner Murphy, Arthur Godfrey, Burleigh Gardner, H.J. Eysenck, Albert Bandura, entre inúmeros.

Qual o limite de ganho que isso pode propiciar? Em termos de negócios, este é o assunto mais importante que existe.

Em última instância, tudo é venda. Tudo é produto e depende do comportamento do consumidor. Tudo pode ser vendido e qualquer coisa é um produto.

Pode-se moldar o comportamento, os sentimentos, os pensamentos, o consentimento, as crenças, as preferências, enfim qualquer coisa que diga respeito a como pensam e sentem os seres humanos. Não existem limites para essas tecnologias.

O comportamento das pessoas em ignorar como funciona a mente humana só facilita a venda. É uma opção do consumidor agir assim. Enquanto um assunto é considerado como obscuro é fácil mantê-lo oculto dos demais. Por exemplo, toda a indústria cinematográfica fatura bilhões de dólares com o uso de Arquétipos no cinema. Isso aconteceu desde o início do cinema. Sem nenhuma possibilidade de fracasso, diga-se de passagem, pois quando se usa algo que está no inconsciente coletivo como indutor, a resposta é certa.

Pode-se induzir no público, exatamente, a reação emocional que se deseja, nem mais nem menos, para que renda tantos milhões de dólares. E isso sem custo nenhum de pesquisa, que já foi feita, pois os Arquétipos já existem e basta utilizá-los corretamente.

Volto a insistir no *corretamente*, porque os Arquétipos são muito poderosos. É utilizado, intensivamente, em qualquer área de comunicação, entretenimento, relações públicas, vendas, publicidade, treinamento de pessoal e seleção, motivação, criação de crenças, persuasão, análise de perfis psicológicos e outras. É como uma receita de bolo. Basta repeti-la e teremos bolo de novo. Mais fácil que "tirar doce de criança". Por isso, foram gastas fortunas para descobrir como os Arquétipos funcionam e, como induzem as emoções humanas.

É óbvio que este é o tipo de conhecimento que faz a diferença.

Capítulo II
A questão da percepção humana (subliminar)

Antes de começarmos a tratar da percepção subliminar, seria interessante que o nosso leitor pesquisasse o teste que representa o "estado da arte" da avaliação subliminar de informações contidas no cérebro humano.

Se alguém ainda tinha alguma dúvida sobre a existência de percepção subliminar ou inconsciente, deve estudar atentamente o teste *Brain Fingerprinting* (http://www.brainwavescience.com).

Veja também a matéria publicada no jornal *The New York Times*, de 28 de outubro de 2000 - Emily Eakin, sobre pesquisas de imagens por ressonância magnética funcional. Como o cérebro reage a questões de filosofia, música, literatura, imagens publicitárias, amor romântico etc.

Outro estudo interessante e da reação que as mulheres bonitas ativam nos "circuitos de recompensa" cerebrais, equivalente à cocaína, realizado por Dan Ariely no *Massachusetts Institute of Technology* e publicado na revista *Neuron*.

A percepção pode ser consciente ou inconsciente. Quando é inconsciente costuma-se dizer que o estímulo é subliminar.

O estímulo é inconsciente quando está abaixo do limiar de percepção, como imagens embutidas em outras, sons abaixo da amplitude do som ambiente, odores imperceptíveis, sons sussurrados, toques sutis, expressão corporal arquetípica, textos escritos com pigmentos, uso de Arquétipos e assim por diante.

A existência de uma percepção subliminar sempre foi tema polêmico, que a maioria das pessoas prefere ignorar a existência.

Por que a percepção subliminar é importante? Justamente porque o comportamento inconsciente rege uma enorme parte do nosso comportamento, a maior parte, sem que saibamos que está acontecendo.

O uso das técnicas subliminares é uma valiosa ferramenta de crescimento e aperfeiçoamento para o ser humano. É uma forma, extremamente eficiente, de colocar uma programação em nosso subconsciente, para agirmos automática e espontaneamente, em determinada situação do nosso interesse.

Podemos nos programar para qualquer comportamento, atitude, produtividade, reação, pensamento, sentimento, conhecimento, expansão de nosso potencial, aquisição de novos conhecimentos etc. É a maneira mais eficiente que existe de aprendizagem. Aliás, tudo que aprendemos é aprendido pelo subconsciente, tal como falar, andar etc. E isso quando temos um ano de idade, e quando o nosso cérebro nem está todo formado ainda, segundo a Ciência! Imagine como adulto o que você pode fazer!

Vejamos primeiro algumas pesquisas sobre Percepção Subliminar.

Pesquisas

Quando as emoções são ativadas por estímulos inconscientes, as pessoas não sabem explicar a razão que tomaram determinada atitude.

A visão de um Arquétipo provoca, imediatamente, uma resposta emocional, sendo que se esse estímulo é subliminar, nós não saberemos o motivo que estamos nos sentindo de determinada forma. Esta é uma forma extremamente poderosa de influenciar uma pessoa.

Ficou claro, também, que os estímulos por imagens provocam processamento inconsciente.

Joseph LeDoux no livro *O Cérebro Emocional*, mostra que a sensação de medo deriva, primeiramente, da percepção de uma situação de perigo, sendo isso percebido inconscientemente. O que na prática significa que estaremos reagindo antes de termos consciência do que está acontecendo.

Quando uma pessoa pensa que está agindo de determinada maneira, em razão de uma determinada causa, nem sempre é verdade e isso não é consciente, isto é, a pessoa pensa que sabe o porquê está agindo daquela forma. A razão, muitas vezes, é inconsciente e a pessoa não sabe disto! Quando perguntada do motivo de tal comportamento, arrumará qualquer desculpa. O que é uma racionalização.

Não temos percepção consciente de grande parte da nossa atividade mental. Armazenamos estímulos sem percepção consciente, que depois terão muita influência sobre o nosso pensamento e comportamento. E ainda, temos de considerar que o processamento inconsciente é por meio de imagens, portanto não-verbal.

Um estudo muito interessante mostrou que as pessoas quando precisam fazer escolhas, decidem por algo que já tenham visto anteriormente, mesmo que tenha sido subliminarmente ou inconscientemente. Isto significa que as pessoas escolhem o já conhecido, mesmo sem saber a causa.

Pessoas expostas subliminarmente a imagens (projetadas muito rapidamente, além da capacidade de percepção consciente) e depois expostas a imagens conscientemente percebidas, preferiram os itens que já haviam visto subliminarmente (percepção inconsciente), a itens que não haviam visto anteriormente. Significa que a pessoa dá preferência ao que já conhece, o que confirma a lei da repetição. É possível comprovar esse fato em toda campanha política.

Pode-se programar as preferências de pessoas com a simples exposição subliminar de sons, mensagens, símbolos, Arquétipos etc. Este estudo deixou claro que temos reações afetivas a estímulos subliminares.

Um dos estudos mostrou que quando as pessoas expostas a palavras obscenas levam mais tempo para reconhecê-las do que quando são palavras não obscenas. A pessoa reprime o que está percebendo inconscientemente e mantém no inconsciente.

Outro estudo realizado teve como resultado: as pessoas preferirem um determinado estímulo, em razão de terem sido expostas, subliminarmente, a uma foto com rosto sorridente ou carrancudo, por 5 (cinco) milésimos de segundo anteriormente. O estímulo recebeu um significado emocional em função da exposição subliminar.

Podemos imaginar as tremendas implicações do uso dessa descoberta. Pesquise Robert Zajonc, no livro *O Cérebro Emocional.*

É possível condicionar a resposta emocional por meio de estímulos subliminares. Pessoas expostas, subliminarmente, a letras associadas com choques elétricos e a letras não associadas tiveram um condicionamento emocional com relação ao estímulo inconsciente. Verifique o estudo de Richard Lazarus, em *O Cérebro Emocional.*

Estudo sobre exposição subliminar a fotografias demonstrou a preferência por quem já era conhecido de maneira subliminar, sem ter sido visto conscientemente antes. Pessoas foram expostas subliminarmente a fotografias de rostos. Depois várias fotos de rostos foram mostradas a essas pessoas, que fizeram avaliações mais positivas das fotos que haviam visto subliminarmente.

Outra experiência muito interessante. Foi mostrado subliminarmente a foto de uma pessoa, que poderia ser *A* ou *B*, para o sujeito da experiência. A pessoa em teste viu apenas uma foto. Reuniram-se as três pessoas: *A*, *B* e o sujeito do teste. Leu-se um poema e perguntaram ao sujeito do teste, qual era o sexo do autor do poema. *A* e *B* conforme combinado discordaram entre si e preste atenção no resultado: O sujeito do teste ficou com a opinião daquele cuja foto ele havia visto de maneira subliminar anteriormente! Vários testes diferentes, com pessoas diferentes confirmaram estes resultados. Veja a pesquisa de Robert Bornstein, em *O Cérebro Emocional.*

Pode-se criar uma neuroassociação entre uma imagem vista conscientemente e um som ouvido subliminarmente, por exemplo, de animais sendo mortos. Este Arquétipo fará com que as pessoas passem a evitar, detestar etc., o que estava na imagem associada.

Pesquise a reação a imagens associativas na matéria publicada na revista *Scientific American Brasil*, número 23, abril de 2004, página 58, sobre: "O circuito de recompensa do cérebro".

Sobre a relação entre sonhos e estímulos subliminares foi realizada uma experiência. Pessoas foram expostas subliminarmente a uma paisagem. Pediu-se, então, que desenhassem com o máximo de detalhes a imagem. Em seguida as pessoas receberam sugestões para irem para casa e sonharem durante o sono daquela noite. No dia seguinte relataram o sonho e constatou-se que os detalhes que faltaram nos desenhos estavam no sonho. Lembraram-se no sonho de detalhes vistos subliminarmente. Analise as pesquisas de Otto Pöetzl, em *O Cérebro Emocional*.

Medindo-se as ondas cerebrais de uma pessoa, pode-se notar que a resposta mais forte foi para os estímulos subliminares.

O Psicanalista Howard Shevrin realizou a seguinte experiência sobre conflitos inconscientes: uma pessoa vai à terapia com uma fobia. Após a análise do problema, determinadas palavras são relacionadas com a causa inconsciente e outras com os sintomas conscientes. Medindo-se as ondas cerebrais do paciente, enquanto é exposto às palavras, constatou-se que as ondas cerebrais foram mais fortes para as palavras sobre a causa inconsciente quando a exposição foi subliminar. Veja o estudo em *O Cérebro Emocional*.

Um estudo impressionante mostrou como a linguagem afeta o comportamento das pessoas, mesmo quando o estímulo foi subliminar.

O Psicólogo Social John Bargh realizou uma experiência impressionante sobre o poder das palavras ou imagens ativarem estereótipos de comportamento, mesmo quando a menção é totalmente indireta. Em uma experiência que os envolvidos pensavam tratar-se de um teste de linguagem, solicitou-se que algumas pessoas escrevessem sobre velhice, outras sobre assertividade e outras sobre educação. Não existiam afirmações específicas no texto do teste.

Quando as pessoas que escreveram sobre velhice saíram da sala para um corredor, caminharam mais devagar do que quem não havia escrito sobre velhice! As pessoas que escreveram sobre assertividade e educação foram instruídas a falar com um instrutor que já estava conversando com alguém. Quem escreveu sobre assertividade interrompeu primeiro a conversa, do que quem escreveu sobre educação. O comportamento das pessoas foi influenciado pelo fato de terem pensado em determinadas palavras e ativarem determinados estereótipos.

Em testes com estímulos subliminares os efeitos foram similares, significando a ativação automática de emoções, atitudes e objetivos sem questionamento consciente por parte da pessoa. Consulte o livro *O Cérebro Emocional*.

Pessoas tiveram uma forte resposta emocional, ao serem submetidas a imagens subliminares de animais. Estudos sobre percepção inconsciente são descritos em *Galen's Prophecy*, de Kagan, citado no livro *Inteligência Emocional* - Daniel Goleman. No estudo são mostradas fotos de cobras, em velocidade além da capacidade consciente de percepção, com os sujeitos do teste suando sem saberem o porquê.

Formas geométricas foram apresentadas de maneira subliminar e depois as pessoas tiveram de escolher entre várias formas. Novamente as pessoas escolheram o que já haviam visto de maneira subliminar, conforme relatado no livro *Mentiras Essenciais, Verdades Simples* - Daniel Goleman.

Em 1980 psicólogos publicaram na revista *Science*, estudo mostrando que pessoas expostas a figuras geométricas estranhas, de forma subliminar, depois, quando tiveram de escolher entre várias formas geométricas, escolheram as que já haviam visto de forma subliminar. Mostrando assim o que é familiar é preferido, mesmo que seja inconscientemente.

Testes de associação de palavras mostraram que as pessoas escolheram palavras associadas, à palavra vista, de maneira subliminar. Howard Shevrin, da Universidade de Michigan, fez testes de livre associação no qual as pessoas recebiam estímulos visuais subliminares e depois falavam palavras associadas, embora conscientemente não soubessem o que tinham visto.

Pessoas que viram uma imagem de abelha subliminarmente, associaram com: inseto, picada e mel. Shevrin afirma que em dado momento estamos conscientes de apenas um pequeno percentual do total de estímulo recebido e a seleção deste material é inconsciente.

Outro teste realizado foi a projeção da palavra *medo*, por um milésimo de segundo, com eletrodos ligados à cabeça do paciente, constatando-se uma atividade mensurável ao flash subliminar de medo. Pesquise em *Mentiras Essenciais, Verdades Simples* – Daniel Goleman.

Uma técnica muito eficiente é disfarçar a mensagem no meio de outra, para a qual o consciente é chamado a prestar atenção.

Por exemplo, escrever palavras de maneira subliminar em cima de objetos, inverter as imagens, deixando a que se quer transmitir em segundo plano. As palavras podem ser escritas com pigmentos bem disfarçados ou diluídas, de maneira que o consciente não consegue captar a informação, mas o inconsciente sim. Com isto pode-se induzir qualquer tipo de resposta emocional, principalmente no caso das palavras referirem-se a Arquétipos.

É muito importante prestar atenção na decoração de fundo e também na lateral, principalmente em cartazes colocados ao lado e não à frente.

Dr. António Damásio, neurologista, no excelente livro *O Mistério da Consciência*, deixa claro que, frequentemente, não temos consciência do indutor de uma emoção. Um impressionante experimento foi feito com um jovem que apresentava uma lesão extensa que impedia a lembrança de fatos novos. A experiência constou de fazer com que o jovem interagisse com três pessoas diferentes que forneciam a ele tarefas: agradáveis, neutras e desagradáveis. Após as tarefas ele não se lembrava de mais nada. Quando, posteriormente, foi exposto a fotografias das três pessoas e, perguntado quem ele achava que era seu amigo preferiu, em 80%, a pessoa do teste agradável e quase nunca escolheu a do teste desagradável. Isso provou que as emoções foram induzidas de forma inconsciente no jovem.

Quanto à questão das influências inconscientes e a resposta inconsciente que os pacientes dão pesquisar o Capítulo 10 – *O Mistério da Consciência* – António Damásio.

Acredito que estes exemplos sejam suficientes para mostrar que é possível a percepção subliminar. Existem centenas de estudos sobre o tema para quem pretende aprofundar no assunto. O importante, no nosso caso, é que as pessoas entendam que existe percepção subliminar e inconsciente pessoal e coletivo.

Capítulo III
Arquétipos e Emoções

Arquétipos são as energias primordiais do Universo. Ou as ideias primeiras, como Platão dizia. São as primeiras energias manifestas ou emanações. O Ideal. O Modelo. O Ser Perfeito.

Existem inúmeras definições para os Arquétipos e cada qual mostra um aspecto da verdade. Há várias maneiras de defini-los, mas esta não é a questão principal. O que importa é o que fazemos com os Arquétipos. Uma discussão detalhada sobre Arquétipos não é o objetivo deste livro, que é sobre a utilização de Arquétipos em Marketing.

Antes que qualquer coisa possa aparecer no nosso Universo, ela deverá ter um projeto arquetípico. Os Arquétipos são o projeto do nosso Universo antes que este exista. São energias vivas, conscientes, que se expressam no nosso mundo. Pelo efeito, pode-se conhecer a causa. São símbolos que determinam o que sentimos quando os vemos, ouvimos ou percebemos, não importa se de forma consciente ou inconsciente.

Os Arquétipos podem ser: formas, sons, gestos, símbolos, comportamentos, atitudes, situações, odores, toques, personalidades etc.

Como já disse, a forma mais fácil de entendê-los é pelo resultado que produzem. Por exemplo, fazer testes sobre a química cerebral de uma pessoa e, em seguida ela seria estimulada por um Arquétipo e os testes seriam refeitos. Com certeza os testes mostrariam o efeito daquele Arquétipo sobre os neurotransmissores. Isto é Ciência!

Uma das principais características dos Arquétipos é a de induzirem os seres vivos a sentirem emoções de uma forma ou de outra.

Dr. António Damásio no seu livro *O Erro de Descartes*, deixa bem claro que os homens estão programados para reagirem a determinados estímulos, como tamanho, envergadura de asas, tipos de movimentos, sons etc., que seriam processados pelo sistema límbico. É o que se chama de emoção primária. Esta é uma forma de falar de Arquétipos em termos de neurologia. Toda a gama de emoções pode ser induzida, utilizando-se o Arquétipo correto.

Seus resultados para os seres humanos poderão ser positivos ou negativos, fortes ou fracos, bons ou maus.

Resultados positivos são os efeitos que demonstram: crescimento, prosperidade, realização, saúde, alegria, amor etc.

Resultados negativos são: depressão, pobreza, doença, suicídio, vício, morte, miséria, desemprego, separação etc.

É claro que cada pessoa avalia se é positivo ou negativo dependendo dos seus interesses, o que não impede que exista, objetivamente, algo que se possa classificar como positivo ou negativo. Isso poderá ser comprovado verificando-se os resultados no longo prazo.

Este não é um livro de filosofia, não cabendo aqui discussão desse tipo. É um livro para quem quer resultados.

Hoje em dia, existem vários recursos técnicos para medirem-se os efeitos dos Arquétipos: eletroencefalograma, tomografia por emissão de pósitrons, ressonância magnética funcional e exames laboratoriais para medição de neurotransmissores e hormônios. Com estes exames é possível saber, com muita precisão, o efeito que determinado Arquétipo provoca no ser humano.

Quando uma pessoa vê, ouve ou percebe um Arquétipo, determinados neurotransmissores e hormônios são produzidos pelo seu organismo, gerando emoções, depois sentimentos e provocando comportamentos.

Isto tem tremenda implicação, porque a pessoa não tem a menor ideia da influência que está recebendo daquele Arquétipo. Ainda mais quando a percepção é inconsciente.

Evidentemente a pessoa racionalizará o seu comportamento, criando e pensando em desculpas ou razões para justificá-lo.

Quando o Arquétipo está associado a um determinado produto, inevitavelmente, ela associará aquelas emoções e sentimentos com o produto associado. Isto se chama: neuroassociação. Toda a percepção ocorrida em um determinado momento será armazenada conjuntamente.

Quando se vê um Arquétipo positivo e um produto juntos, imediatamente, temos uma reação emocional e associamos a resposta ao produto que está junto do Arquétipo. O que pode não ter nada a ver com ele, mas para o cérebro não faz diferença.

Por exemplo, uma mulher seminua perto de um produto fará com que a nossa reação fisiológica total seja associada também ao produto. O que se sente por um homem nu ou uma mulher nua é gravado no nosso cérebro junto com a marca, símbolo ou imagem do produto. Existem muitas formas de criar neuroassociações.

Por que os anúncios fixam tanto uma determinada personalidade a um produto *x*? Todas as qualidades daquela personalidade estão sendo transmitidas para o produto. Aquela personalidade pode estar vivenciando um Arquétipo e pode gerar um efeito imenso no consumidor. Por isso vende e paga-se tanto pelo artista ou esportista ou personalidade. Isso fará com que no momento de decidir entre um produto e outro, a pessoa tenderá a ficar com o produto que provoca as emoções que serão ativadas pela exposição à que já foi condicionada (associada).

Neurotransmissores

A produção de neurotransmissores de uma pessoa depende do Arquétipo que ela esta vivenciando. Mudando-se isso alteram-se, imediatamente, os tipos e a quantidade de neurotransmissores que serão produzidos e assimilados.

Recomendamos pesquisar a bibliografia recomendada e a existente sobre o assunto, para que se tenha ideia da importância dos neurotransmissores.

Neurotransmissores são componentes químicos fabricados pelos neurônios para inibir ou estimular outras células nervosas.

Acredita-se que hoje existam 100 (cem) bilhões de neurônios no ser humano. Estas substâncias provocam emoções, sentimentos e comportamentos. Podemos criar a emoção que quisermos em nós ou em outros, estimulando a criação dos neurotransmissores em nós ou em outros. As possibilidades são infinitas quando se conhece a química das emoções. O potencial de produção de neurotransmissores é variável, por isso os estímulos são extremamente importantes.

Como o cérebro produz os neurotransmissores à determinada velocidade, o tempo de exposição ao estímulo é de suma importância. Os estímulos como, por exemplo, imagens associativas ou neuroassociações, provocam a reação do circuito de recompensa do cérebro, fazendo com que a cada vez que seja estimulado, haja um reforço do circuito e assim por diante. Por este motivo o consumidor precisa ver um anúncio pelo menos 6 (seis) vezes. Como o Dr. Eric J. Nestler demonstrou a exposição repetida a um estímulo, provoca alteração na arquitetura e química cerebral.

O importante é entender: o que sentimos depende de qual neurotransmissor está sendo produzido, em que quantidade e momento. Podendo regular isso, temos o comportamento humano entendido bioquimicamente e controlado.

Determinados Arquétipos induzem a produção de determinados neurotransmissores, que induzem os sentimentos e comportamentos. Essa é a explicação de como os Arquétipos controlam nossos sentimentos e comportamentos. Na realidade é mais complexo, mas para efeito de entendimento prático é suficiente. Essa é uma explicação bioquímica. Existem outras formas de explicar a ação dos Arquétipos, mas como as pessoas querem provas científicas, podem ser obtidas analisando a produção de neurotransmissores.

Por esse motivo o marketing funciona. Por essa razão, vende-se. Por isso, os filmes e as músicas dão lucros fabulosos. Os eleitores votam. É possível controlar, completamente, o comportamento humano.

Existe extensa bibliografia sobre o tema: neurotransmissores. Pesquise o artigo: "Assumindo o Controle do Estresse" - Robert Sapolsky, sobre o papel da dopamina, serotonina, norepinefrina, na revista *Scientific American Brasil*, edição outubro de 2003.

Existem vários neurotransmissores. Relacionaremos alguns dos seus efeitos:

Dopamina - Gera prazer, alegria, força, êxtase, euforia, poder, sexualidade, confiança. Sua presença traz um sentimento de controle total da situação. De poder enfrentar qualquer desafio, qualquer inimigo ou problema. Estimula o amor de pai e mãe. É estimulante para algumas partes e inibidor para outras. Indispensável para ação motora, força de vontade, alegria e bem-estar. Toda vez que a pessoa recebe um estímulo positivo, forte, agradável etc., seu cérebro gera esta substância que dá a sensação de felicidade, de estar de bem com a vida, em fluxo com o Universo e todos os sentimentos decorrentes. A falta do nível adequado gera insegurança, inferioridade etc.

Pesquise a relação entre falta de dopamina e doença de Parkinson no site Saúde Geriátrica, e, também, o artigo "O Efeito placebo, dopamina e Mal de Parkinson" no site da revista *New Scientist* - 16 maio/2004.

A dopamina é um neurotransmissor extremamente potente. Sua falta é arrasadora para o estado geral de felicidade e força pessoal. Este é o neurotransmissor básico do Macho Alpha ou da Fêmea Dominante.

A edição de maio/2004 da revista *Harvard Business Review* América Latina publicou artigo sobre os altos executivos, ressaltando que 70% deles são Alpha. Portanto, se um empresário ou executivo quer ter sucesso, ele precisa, desesperadamente, de dopamina, caso não a produza na quantidade exata, para vencer os outros machos Alpha. Não se esqueçam de que na planície do Seringueti, África, existem muitos candidatos a Macho Alpha... Pesquise a relação entre libido e dopamina nos sites relacionados.

Acetilcolina - É estimulante. Encontrado em grande quantidade e controla o funcionamento de inúmeros órgãos, movimentos, memória, concentração, atividade sexual e emoções. Controla a liberação do hormônio pela pituitária, envolvido na aprendizagem.

Noradrenalina – É estimulante. Deixa alerta e com boa memória. Alivia a depressão.

Serotonina – É estimulante para uma parte do cérebro e inibidor para outras. Alivia a depressão, ansiedade e provoca sono. Atua no controle da dor e humor. Estabilidade emocional. Extremamente importante quanto ao sentimento de felicidade. Suicidas apresentam baixo nível de serotonina. Controla a ansiedade. Proporciona serenidade, calma e otimismo.

Com serotonina você é feliz e está em paz com o mundo. Usando o Arquétipo correto você terá mais serotonina sendo, portanto, feliz. A falta de serotonina deixará você infeliz.

Desta forma, podemos regular o estado emocional de qualquer população, regulando a exposição que ela tem a determinados Arquétipos.

De acordo com o Dr. António Damásio em seu livro – *O Erro de Descartes*: "A serotonina é um dos principais neurotransmissores. Substâncias cujas ações contribuem para, virtualmente, todos os aspectos da cognição e do comportamento. Um dos efeitos da serotonina, nos primatas, consiste na inibição do comportamento agressivo. De modo geral, o aumento do funcionamento da serotonina reduz a agressão e favorece o comportamento social".

Pesquise sobre a relação entre ambiente e nível de serotonina, e a bioquímica do beijo e da excitação sexual. Verifique também Dr. Francisco Di Biase sobre imunologia e neurotransmissores.

Endorfinas – São extremamente importantes para o sentimento de felicidade, euforia, êxtase, relaxamento e bem-estar geral. A endorfina tem propriedades analgésicas, age como calmante aliviando a dor. Está intimamente ligada à existência de dopamina no organismo. Provoca um sentimento de prazer generalizado, aliviando sobremaneira a depressão. Controla a resposta do organismo ao estresse, regulando a liberação de hormônios. Tem atuação variada, como em relação à memória, humor, resistência imunológica, estado mental, recuperação orgânica, aliviar a dor, adiar o envelhecimento etc.

A produção de endorfinas está relacionada com as coisas boas e positivas, diminuindo em relação a estímulos negativos. Se recebermos estímulos positivos temos mais endorfina, caso contrário, temos menos. Ficou claro?

As beta endorfinas proporcionam conforto, sendo a mais potente das morfinas encefálicas. Fortalecem a imunidade, reforçam a memória, aumenta a paciência, a calma interior e diminuem o stress psicológico. Indispensáveis para o sistema imunológico. Daí a razão das pessoas depressivas ficarem doentes mais facilmente. Veja o uso de Fentanil nas anestesias locais.

Ácido gama-aminobutírico (GABA) - Diminui a ansiedade significativamente. Calma. Sem pânico.

Glutamato - Indispensável para prevenir a esquizofrenia. Várias regiões cerebrais se comunicam com o sistema de recompensa por meio da liberação do neurotransmissor glutamato. Glutamato gerado pelos Arquétipos: força, raio, fachos de luz.

Norepinefrina - Ambição, energia, alegria.

Considerando o explicado acima e pela extensa bibliografia sobre o tema, fica claro que nosso comportamento é regulado, também, pela presença ou não de determinados neurotransmissores. Desta forma, qualquer estímulo que provoque sua liberação ou retarde sua absorção, terá efeito, extremamente significativo, nas emoções, sentimentos e comportamentos humanos. Os Arquétipos podem induzir tudo isto.

Arquétipos e Neurotransmissores

Os Arquétipos são poderosos ou não, positivos ou negativos, fortes ou fracos. Pesquise Carl G. Jung - *Os Arquétipos e o Inconsciente Coletivo*, na página: 188, por exemplo.

Os Arquétipos provocam reações emocionais, sentimentais e comportamentais. É perfeitamente possível prever o comportamento de um grupo de pessoas em relação a um determinado Arquétipo. Essa reação será o resultado da média das reações de todas as pessoas expostas a ele.

É possível mensurar a reação individual a qualquer Arquétipo com exames laboratoriais. Quanto à parte prática, o que interessa é que as pessoas entendam esse potencial e poder. Assim, elas podem se beneficiar destas descobertas. Considerando que as pessoas querem resultados práticos e este é o melhor método para se aferir se algo funciona ou não.

Já ouvi técnico de futebol dizendo: se descobrisse algo que aumentasse, por menor que fosse, a produtividade da equipe, ele usaria. Resta saber se usaria uma ferramenta de Arquétipos, que produzisse um supertime. Aí entra o que já falamos sobre autossabotagem. É a questão da árvore que dá frutos ou não. Ficamos com as que dão frutos e cortamos as que não produzem.

Os Arquétipos podem ser experimentados na forma de: símbolos, objetos, formas, sons, odores, comportamentos, gestos, escritas, traços riscados, personalidades etc. Eles provocam uma resposta no mais profundo nível inconsciente, trazendo à tona sentimentos, emoções, comportamentos primordiais, arquivados, profundamente, na mente humana.

As pessoas devem estar cientes deste fato e do profundo poder que reside no âmago dos Arquétipos. Isto não é brinquedo para crianças, pois as possibilidades de manipulação dos sentimentos e comportamentos são incomensuráveis.

Usar Arquétipos é usar um poder ilimitado. Daí a importância de entender seu funcionamento. Nunca é demais ressaltar isso, porque as pessoas normalmente julgam que as estatuetas que possuem em casa não provocam nenhum efeito emocional sobre elas. Vejam a geometria que os gregos usavam.

Por exemplo, mudando-se o tipo de Arquétipo que uma pessoa vê, pode-se mudar, profundamente, sua personalidade, força, visão de mundo, sentimentos e comportamentos, reação aos acontecimentos, seu poder pessoal, saúde, atração sexual etc.

Enfim, pode-se estimular a pessoa para qualquer tipo de sentimento e emoção, tanto positiva quanto negativa. Acrescente-se também a possibilidade dela ser estimulada inconscientemente. Todas as possibilidades estão em aberto, para a saúde e a doença, para o vício ou não, para a pobreza ou riqueza, e assim por diante.

Existem Arquétipos para todos os tipos de sentimentos, bastando apenas saber qual utilizar para a obtenção dos resultados desejados.

Quando se define o logotipo de uma empresa, estamos fazendo algo fundamental para o sucesso ou não do empreendimento. O uso de um logotipo mal definido causará muitos problemas e prejuízos à empresa e talvez possa provocar a sua falência.

Muitas vezes, estas questões não são devidamente analisadas por quem decide. Inúmeros alunos descrevem situações em que, após ouvirem uma palestra minha, a empresa trocou o símbolo e passou a crescer imediatamente.

Garanto que vocês já viram, muitas vezes, empresas gigantescas trocarem de logotipo, cores e/ou *slogans* sem razão aparente e com uma frequência, que mostra à tentativa e erro na definição dos símbolos da empresa; isto quando já não é tarde demais.

Nunca será demais repetir que: símbolos e Arquétipos são, extremamente, poderosos na definição e indução de sentimentos e comportamentos.

Vejam o valor de uma marca. Existem várias marcas que valem bilhões de dólares! Para quem não conhece o assunto, não estamos falando da empresa e sim, somente, da marca.

Quanto custa para a empresa colocar uma placa em volta do campo de futebol em uma Copa do Mundo? Elas são vistas na final por 3 bilhões de pessoas. Quando custou por pessoa? É um bom investimento se for um Arquétipo definido corretamente e péssimo, caso contrário.

Vocês sabiam que quando acontece um gol, às vezes, os jogadores correm comemorando e passam por 11 (onze) placas diferentes? Imagine que a sensação do gol está sendo associada às marcas que os telespectadores estão vendo. A mesma coisa acontece quando determinado símbolo é projetado na tela na hora de um gol. Existem inúmeras possibilidades neste campo.

Considere o uso que se faz dos Arquétipos como decoração de ambientes e poderá ser avaliada a personalidade de quem usa essa simbologia.

As pessoas não percebem que os Arquétipos influenciam decisivamente as suas emoções, conservando em casa estímulos fraquíssimos, que afetam profundamente as suas vidas em todas as áreas. Pode-se conhecer a pessoa pela decoração da casa ou da empresa.

Vejam as camisetas que as pessoas usam. Atente-se que o efeito dos Arquétipos é intensificado pela repetição, quanto mais se estimula, mais efeito faz.

Antes de verificarmos alguns dos significados dos Arquétipos, vejamos como o povo os usa nas conversas normais. Veremos que as pessoas intuitivamente sabem dos seus significados, já que estão armazenados no inconsciente pessoal e coletivo.

Sabe-se que uma imagem vale mais que dez mil palavras. Portanto, é muito mais barato usar um Arquétipo como exemplo, do que explicar detalhadamente.

As metáforas e Arquétipos são a melhor forma de transmitir conhecimento para alguém e, por isso são usados desde tempos imemoriais.

Exemplos:

A vaca foi pro brejo (o time está perdendo).
A bola está na zona do agrião (usado no futebol).
Eu vi um gato (um rapaz bonito).
Uma gata (moça bonita).
Cada macaco no seu galho.
Ele caiu como um pato (otário).
Ele é uma raposa (esperto).
Ele é um banana (que passam para trás).
Ele é um rato (um ladrão).

Ela parece um elefante (gorda).
Rápido como um cavalo de corrida.
Olhos de águia (vê as oportunidades).
Firme como uma rocha.
Tirar o chapéu (reconhecer o valor de outro).

Isto sem citar o uso dos Arquétipos com conotações agressivas, obscenas etc.

Os Arquétipos devem ser classificados pelos resultados que propiciam. Pesquise Carl Jung, já citado anteriormente.

Em relação ao lado positivo temos: crescimento, desenvolvimento, poder, autoestima, realização, dinheiro, prosperidade, emprego, saúde, união, felicidade, prazer etc.

Quanto ao lado negativo temos: doença, depressão, melancolia, tristeza, depressão do sistema imunológico, pobreza, desemprego, suicídio, morte, separação, autossabotagem etc.

Arquétipos negativos e/ou fracos

São aqueles que inibem a produção dos neurotransmissores que dão poder e felicidade. Exemplos de utilização negativa e/ou fraca:

Árvore nua, retorcida: Solidão, falta de vida.

Banana: É a pessoa que não tem personalidade, todo mundo faz de bobo.

Cigarro: Sexualidade.

Coelho: Extrema fertilidade, sexualidade, alvo fácil para os predadores.

Crânios, ossos, monstros, morte, bandeiras de piratas, fantasmas, monstros etc., são extremamente negativos, induzindo ao comportamento autodestrutivo. Péssimo em relação ao nível de endorfinas. É o Arquétipo mais poderoso do lado negativo. Deve-se dar atenção também aos seus correlatos, como: terremotos, maremotos, sequestros, assassinatos, conflitos, guerras, crimes passionais, sensacionalismo, desastres, enfim tudo que estiver relacionado com morte e destruição. Provocará o conformismo, passividade, negativismo, impedindo o pensamento analítico.

Juntamente com esta técnica, veicula-se um número imenso de informações que não têm como ser digeridas pelo consumidor. Impede que ele pense.

Adiciona-se a esta técnica outra que é classificar alguém, um fato ou um produto e o consumidor aceitará passivamente esta classificação.

Tudo deve ser afirmado, pois o consumidor tem a tendência de acreditar no que é transmitido, e a de seguir quem parece saber o que fala. Quanto mais for afirmado, mais ele acreditará, não importando se é mentira ou não.

Veja inúmeros exemplos ao longo da história, sobre uma mentira ser tão repetida que o público passou a acreditar que é verdade. O que a pessoa acredita que é verdade, é "verdade" para ela, para todos os fins práticos.

Este Arquétipo permite dosar, exatamente, quanto de depressão se quer em uma determinada população. Isso tem implicações evidentes na atividade econômica, social etc. Portanto, nada é por acaso.

Tudo pode ser determinado e previsto em termos de comportamento humano. Não existem surpresas nessa área. Não após tantos milênios de conhecimento acumulado. O que existe é falta de conhecimento, de profissionalismo etc.

Elefante: Burro de carga, peso excessivo, falta de agilidade e depressão.

Formiga: Trabalha demais, sem individualidade, fácil presa.

Galinha: Procria sem cessar, fácil presa.

Macaco: Fraco por imitar, falar demais, roubo, agitação.

Papagaio e suas variações: Muito fraco, imitador, fala muito, presa fácil.

Pato: Símbolo extremamente fraco, usado como referência de fraqueza, falar muito, ser passado para trás facilmente, otário etc.

Pinguim: Excessiva lentidão, presa fácil, uma fria.

Ratos: Inquietação, doença, demônio, mal, ladrão. Sempre foram considerados entre os piores símbolos possíveis, baixíssima autoestima, desonestidade, provoca desconforto assim que é visto etc.

Sapo: Bruxaria, alucinação, volúpia, avareza, fecundidade, pântano.

Tartaruga: Excessiva lentidão, não produz, demora, devagar quase parando.

Vaca: Animal de corte, puxar arado, burro de carga, sacrifício.

Arquétipos positivos e/ou fortes

São aqueles que induzem a produção dos neurotransmissores que geram poder e felicidade.

Produzem resultados positivos e fortes, como: crescimento, riqueza, prosperidade, elevada autoestima, sistema imunológico forte, alegria, criatividade etc.

Exemplos de utilização positiva e/ou forte

Águia, falcão, gavião, coruja - Produz dopamina. É um dos mais poderosos Arquétipos que existem. Provoca elevadíssima autoestima, prosperidade, crescimento, realização, sabedoria, poder etc.

O impacto emocional deste Arquétipo nunca deve ser subestimado. Provoca a superação de qualquer desafio, perda, luta etc. Indispensável para vencer na vida.

Sempre relacionada com deuses, Zeus, o Sol, o Cristo, São João Evangelista, adorna pias batismais na Itália etc. Citada na Bíblia em dezenas de versículos.

É o símbolo dos presidentes, empresários, campeões, líderes, impérios antigos e modernos etc. Inúmeros casos são relatados sobre aumento de ganhos, ofertas de emprego, novas oportunidades surgidas, após o início do uso deste símbolo. É extremamente forte, devendo ser usado com critério.

Todas as pessoas expostas ao Arquétipo receberão seu efeito, isto é, passarão a crescer, evoluir, produzir mais etc. É o Arquétipo do Macho Alpha e da Fêmea Dominante.

Alce: Grande prosperidade, muita firmeza e decisão, fecundidade.

Âncora: Apoio, constância, garantia nas dificuldades, esperança, calmante.

Arco: Poder vital, força, flexibilidade, intenção, dinamismo.

Arco-íris: União dos opostos, ascensão da consciência, as cores ativam os respectivos chacras. Destino, visão, esperança.

Árvore: Importantíssimo símbolo de vida e prosperidade. Proteção, vida, abundância, crescimento. Provoca a união entre as pessoas. Estimula os relacionamentos. Poderoso símbolo para induzir estados de consciência.

Automóvel: Sexualidade, poder, penetração, sexo. Qualquer emoção pode ser associada a um carro, dependendo de sua aparência. Evidentemente nenhum carro pode ter todas as emoções associadas a ele.

Aquário: Provoca calma e relaxamento induzindo ondas cerebrais alfa.

Balança: Equilíbrio, justiça, decisão.

Baleia: Paz, tranquilidade, harmonia, relaxamento, amor, relacionamento.

Bolo: nascimento, sexualidade, recompensa.

Borboleta: Transmutação, mudança, renascimento, libertação, leveza.

Bússola: Direção, orientação, determina o destino, precisão, rigor, imparcialidade.

Caixa: Algo que protege, verdade escondida, segredo, útero.

Cálice: Destino, grande quantidade, opulência, relacionamentos, comungar da mesma crença, em termos cósmicos de onde flui a energia vital inextinguível.

Canguru: Maternidade, força, velocidade, combatividade.

Cão: Amizade, proteção, provoca diminuição da ansiedade.

Capacete: Poder, defesa, potência, inatacável.

Carvalho: Força, virilidade, perseverança, grande poder de relacionamento, proteção, vitória.

Cavalo: Elevada autoconfiança. Velocidade, decisão, independência. É o símbolo dos gerentes e diretores.

Chama: Regeneração, purificação, renascimento, sexualidade, expansão da consciência, divindade, um dos quatro elementos primordiais, fé, defesa, luz.

Chapéu: Poder, autoridade, ideia, pensamento, valor.

Charuto: Sexualidade, virilidade, poder, potência.

Chifre: Força, poder, virilidade, fertilidade, masculino, atividade.

Círculo: Unidade, sexualidade, absoluto, divindade, perfeição, iluminação, infinito, proteção, alma.

Colmeia: Expressivo, indústria, trabalho, organização, produção.

Conchas: Feminilidade, geração, órgão sexual feminino, símbolo fálico, fertilidade, nascimento.

Cornucópia: Chifre, opulência, abastança, fálico.

Coroa: Poder, autoridade moral, honestidade, honra, vitória, respeitabilidade.

Corvo: Inteligência, predador.

Cristal: Pureza, transparência, clareza, união, arquivo de conhecimento.

Crocodilo: Poder, paciência, determinação, assimilação.

Cubo: Solidez, estabilidade, firmeza, solidez, segurança, completo.

Cuia: Símbolo fálico, receber, permanência.

Dado: Sorte, imprevisibilidade, fortuna, destino.

Escada: Ascensão espiritual ou descida ao inconsciente.

Escudo: Defesa, amparo, auxílio, proteção.

Esfera: Universo, totalidade, terra, excelência, primor, completo.

Espada: Força, coragem, poder, fálico, decisão, separação, autoestima, autoconfiança.

Espelho: Saber, autoconhecimento, consciência, imaginação, criatividade, magia.

Estrela: Sorte, aspiração, destino, divindade, humanidade, pontos cardeais, cooperação.

Faca: Poder masculino, decisão, afastar, defender, decidir.

Fadas: Agradável, segurança.

Ferradura: Ligada ao cavalo representa boa sorte e autoconfiança.

Ferro: Durabilidade, força, robustez, inexorável, implacável, inflexível.

Flecha: Poder vital, força, decisão, intenção, fálico, dinamismo.

Flores: Sucesso, harmonia, prosperidade, calma, paz, relaxamento, possibilidades.

Floresta: A vida da pessoa, a mente consciente e inconsciente, vida, sociabilidade.

Fonte: Inconsciente, geração da vida, retorno, abundância, conhecimento, inicio e vida.

Fruta: Maturidade, realização, desenvolvimento, vida, abundância, prosperidade, sucesso.

Garfo: Alimentação, devorar, poder.

Gatos: Independência, intuição, autoestima.

Geladeira: segurança, reserva de alimentos.

Golfinhos: Sociável, coragem, inteligência, movimento, alegria de viver. Ideal para lugares de reuniões, festas etc. Não colocar no local de trabalho.

Grão: Abundância, riqueza, prosperidade, possibilidade, morte e vida, semente.

Hera: Amizade, fidelidade, sensualidade, feminilidade, crescimento, abundância.

Herói: Aquele que dá segurança, conforto, controle, sobrevive, comanda, vivo, governa.

Íris: Espelho, janela, abertura, possibilidade, potencial, verdade.

Jardim: Lugar ideal, agradável, imaginação, feminilidade, descanso, relaxamento, esperança, realização, criatividade.

Joias: Poder, riqueza, conhecimento, tesouro, realeza, nobreza.

Lago: Inconsciente, magia, feminilidade, abertura, profundidade.

Lagarto: Menos poderoso que crocodilo.

Lâmpada: Luz, sabedoria, previsão, inteligência, prudência, ligado ao divino, espiritualidade, escolha, conhecimento.

Lança: Poder, fálico, masculino, direção, decisão, coragem.

Leque: Proteção, nobreza, conjunto.

Leopardo: Ação, determinação, rapidez, altivez, força, fertilidade.

Leste: Onde o sol nasce, despertar, renascimento, novas oportunidades, vida.

Limão: Vida, pureza, proteção, incisivo, penetrante, cortante, defesa, limpeza.

Lírio: Luz, fálico, prosperidade, vida e morte.

Livro: Totalidade, Ego, conhecimento, poder, conjunto, regra, destino, lei, possibilidade, fechamento, abertura, autoestima.

Lontra: Guia, esperteza, rapidez, vida, feminilidade, felicidade, distração, prazer.

Lótus: Espiritualidade, pureza, vida, totalidade, renascimento, criação, harmonia, desenvolvimento, pureza, tranquilidade, ascensão.

Lua: Fertilidade, sexualidade, feminilidade, transição, mudança, poder, inconsciente, fecundidade, receptação, suavidade.

Luta: Sexualidade, sadismo, virilidade, trajes, grande atração sobre o público feminino (fêmeas admiram o Macho Alpha).

Luva: Direito, nobreza, realeza, pureza, defesa, poder.

Maçã: Fertilidade, sabor, mundo, escolha, conhecimento, afeto.

Machado: Força, poder, decisão, abertura, culto, justiça, separação.

Mãe: Amor, filhos, gratidão, recompensa, sexualidade.

Martelo: Poder, força, decisão, razão, modelagem.

Milho: Prosperidade, riqueza, crescimento, abastança.

Montanhas, vales e nuvens: Provoca maior relacionamento entre as pessoas. Firmeza, durabilidade. Ascensão espiritual, impassibilidade, esconderijo, realização, revelação, ideal. Ótimo para comércio, restaurantes etc.

Navio: Criatividade, aventura, alegria, coragem, proteção, mental, adaptação.

Nuvem: Relaxamento, feminilidade, fecundidade, transformação.

Obelisco: Culto, poder, fálico, direção, ligação.

Olho: Espírito, visão, atividade, futuro, visão interior, divindade, visão ampla, percepção, vigilância, onipresença, sabedoria, penetração, magia, proteção.

Orelha: Comunicação, lembrança, memória, percepção, inspiração, sabedoria, escolha, fálico.

Orquídea: Sorte, riqueza, proteção, suntuoso, luxo, brilho.

Ouro: Inteligência, luz, eternidade, perfeição, conhecimento, purificação, prosperidade e riqueza.

Ovo: Fecundidade, sexualidade, vida, procriação, totalidade, início, nascimento, abundância, possibilidade, potencial, perfeição.

Palavras: dependendo do significado das palavras teremos a resposta fisiológica.

Palmeira: Vitória, eternidade, flexibilidade, vida, alegria, paz.

Pantera: Ação, volúpia, sensualidade, autoestima.

Pássaro: Denota a personalidade da pessoa. Alma, imortalidade, destino, força vital, evolução, criatividade.

Pé: Vontade, avançar, tomar conta, vencer, fálico, humildade, movimentação.

Pedra: Eterno, imutável, força concentrada, proteção.

Pena: Poder, asas, posição social, ágil, delgado, veracidade, gracioso, tênue, ligeiro, suave, delicado.

Pilar: Solidez, força, sustentação, firmeza, fálico.

Pinha: Fertilidade, felicidade, fortuna.

Pinheiro: Fertilidade, vida, energia, crescimento.

Plantas: Unidade, sociabilidade, transmutação, vida, mudança.

Portão: Passagem, segredo oculto, proibição, convite e revelação.

Puma: Velocidade, força, autoestima, sutil, trabalha só.

Quadrado: Matéria, terrestre, humano, realidade.

Raposa: Transformação, dissimulação, esperteza, sábia.

Rede: Contato com o inconsciente, recolher, apanhar, pescar, laço, engenho, artifício, logro, embuste, estratagema, alçapão.

Relva: Humildade, paz, obediência, subordinação, dependência, docilidade.

Remo: Ação, decisão, flexibilidade, fálico, direção.

Rombo: Sexual, fálico.

Rosa: Amor, simpatia, romance, alívio, ativa o chakra cardíaco, segredo, complexidade.

Roupa: Autoaprovação, autoestima.

Rua: Novas experiências, contatos, vivência, vida.

Sabão: Trabalho, dedicação.

Sal: Força, proteção, purificação, firme.

Semente: Grão, vida e morte, fertilidade, crescimento, prosperidade.

Sempre-viva: Proteção, vida, prosperidade, crescimento, eternidade.

Serpente: Proteção, alma, mudança, fálico, energia, vida, libido, inteligência, autorrenovação, Universo.

Sexo: Todo tipo de associação entre sexo e um produto criará uma resposta fisiológica em relação ao produto. Significa poder e força no caso masculino e receptividade no feminino.

Sino: Chamado, provoca ansiedade.

Sol: Luz, inteligência, vida, fertilidade, ressurreição, calor, justiça, poder.

Tatuagem: Virilidade, rebeldia, vivência, potência, força.

Tempestade: Transmutação, mudança, intervenção, limpeza.

Terra: Mãe, útero, vida, alimentação, equilíbrio.

Tigela: Sexual, fálico, recepção, permanência.

Tigre: Força, ferocidade, protetor, esforço, provoca ação, efeito muito forte. Também não deve ser usado sem critério.

Tornozelo: Decisão, encruzilhada, vital.

Triângulo: Poder, luz, magia, força, sabedoria, beleza, divindade.

Trono: Grandeza, glória, poder, sabedoria, autoridade.

Unicórnio: Poder, fálico, transparência, sinceridade, cura.

Urso: Poder, ação inconsciente, força, resistente, determinado, firme.

Uvas: Abundância, vida, renascimento, conhecimento, prosperidade, alegria.

Vela: Luz, sexualidade, proteção, pedido, orientação, fé.
Vinho: Sociabilidade, raiz, terra, lar.
Vulcão: Prosperidade, crescimento, morte e renascimento, ciclo.

Arquétipos e Civilizações

Todas as civilizações deram nomes diferentes aos mesmos Arquétipos. Os gregos e romanos entenderam bem e perceberam que estavam falando do mesmo deus com nomes diferentes.

Uma lista pormenorizada destas civilizações e Arquétipos está fora do escopo deste livro. Seria refazer o que Campbell e Eliade, por exemplo, já fizeram. Existe extensa literatura disponível sobre o tema. Listaremos apenas os gregos e romanos como exemplo, e para quem quiser pesquisar, recomendo a Enciclopédia Britânica.

Como indicação das infinitas possibilidades do assunto temos Arquétipos: Mesopotâmicos, Sumérios, Babilônicos, Germânicos, Nórdicos, Celtas, Egípcios, Hindus, Africanos, Incas, Maias, Toltecas, Olmecas, Nativos Americanos, Afro-brasileiros, Haitianos, Tailandeses, Vietnamitas, Chineses, Japoneses, Polinésios, Aborígenes, Tupi-guarani etc.

Apenas como exemplo da importância de entender o tema, a Segunda Guerra Mundial era prevista porque Wotan, Deus da Guerra Nórdico,estava sendo vivenciado. Esse simples exemplo mostra o quanto vale este conhecimento para pessoas, empresas, países e instituições.

Arquétipos Gregos

Existe extensa bibliografia sobre estes Arquétipos e inúmeros dicionários de mitologia. Todos são excelentes e dão ótima ideia do poder e força ou fraqueza e negatividade. Conforme o resultado da atividade de cada Arquétipo, teremos a produção de determinados neurotransmissores ou não, conforme já explicado anteriormente.

Foge do escopo deste livro análise individual de cada Arquétipo. Como disse, existem milhares de livros sobre o tema e o nosso objetivo é chamar a atenção para sua aplicação em marketing.

Com respeito ao marketing, o que estamos explicando é mais do que o suficiente para qualquer pessoa começar a progredir em qualquer área. Para mais referência pesquise Joseph Campbell, Eliade etc.

Aqui temos alguns exemplos, pois como já dissemos o tema é enciclopédico. O interessante é o leitor entender o conceito, considerando que cada aplicação é um caso.

É preciso ressaltar que cada povo ou civilização deu nomes diferentes para o mesmo Arquétipo. Sendo assim, é fácil perceber que o mesmo Princípio é entendido por todos com nomes diferentes, pois os Arquétipos são universais. Cada um pode dar o nome que quiser, mas a essência é a mesma. Por isso, uma marca ou logotipo arquetípico funciona ou vende no mundo inteiro. Daí a importância que tem a definição de um logotipo para uma empresa ou instituição.

Adônis: Beleza física, sexualidade não resolvida, extrema atração sobre as mulheres.

Afrodite: Amor, sexualidade.

Apolo: Inclui os aspectos masculinos, beleza, sexualidade, ação etc.

Aquiles: Luta, competição, guerra, ponto fraco, insensível à crítica.

Ares (Marte): Guerra, militarismo etc.

Ariadne: Inteligência.

Ártemis: Independência, fertilidade.

Asclépio: Cura, medicina, imposição de mãos.

Atena: Poder, atividade.

Atlas: Trabalho pesado, executivo, produção, responsável.

Cairós: Tempo propício.

Circe: Feiticeira.

Cirene: Atividade física.

Cronos: Tempo.

Dafne: Feminilidade, juventude.

Deméter: Fertilidade, maternidade.

Dionísio: Vinho, alcoolismo.
Édipo: Inteligência.
Eros: Sexualidade demasiada.
Hades: Morte, subterrâneo, profundezas.
Hera: Instabilidade psicológica e emocional.
Hércules: Herói.
Hermes: Conhecimento oculto, inteligência.
Héstia: Vida doméstica.
Medeia: Destruição.
Medusa: Monstro.
Midas: Sorte.
Minos: Sublimação.
Narciso: Autoestima.
Nêmesis: Justiça.
Orestes: Trabalhar para cumprir o dever.
Orfeu: Música, amor, poesia.
Pã: Negatividade.
Perséfone: Extrema feminilidade, mundo subterrâneo.
Perseu: Empreendedor.
Posídon: Poder destrutivo.
Prometeu: Humanidade.
Selene: Deusa da Lua, intimidade, noite.
Teseu: Egoísmo.
Tífon: O Inconsciente.
Ulisses: Herói, habilidade, militar.
Urano: Paternidade.
Zeus: Poder.

Arquétipos Romanos

Júpiter: Poder.
Netuno: Mar.
Marte: Guerra.
Apolo: Sol.

Vulcano: Fogo.
Mercúrio: Inteligência.
Juno: Deusa, Poder.
Minerva: Ciência.
Vênus: Amor.
Vesta: Fogo.
Ceres: Agricultura.

Arquétipos como Ferramentas de Crescimento Pessoal e Empresarial

O importante é minimizar a recepção dos estímulos contendo os Arquétipos fracos e/ou negativos, substituindo-os pelos fortes e/ou positivos. É fundamental para quem quer mudança emocional em direção ao progresso pessoal e empresarial.

Quanto mais estímulo se receber sobre um Arquétipo negativo, mais fraca a pessoa ficará e o contrário em relação aos fortes e/ou positivos. Isto é muito importante, porque o efeito é cumulativo. Depois de minutos a pessoa já começa a sentir os efeitos, pois é o tempo necessário para a criação das sinapses.

Para cada caso deverá ser feita uma análise dos objetivos desejados, para se adequar o Arquétipo ideal para aquele objetivo.

O uso dos Arquétipos provoca um reforço constante tanto para o lado negativo como para o lado positivo. Significa que, caso uma pessoa veja constantemente os símbolos negativos, ela estará, inevitavelmente, sendo levada a ter resultados negativos e pobres na sua vida. O contrário também é verdade.

O que pode ser feito com Arquétipos em Marketing

Como é uma ferramenta extremamente poderosa para induzir estados emocionais e comportamentos, pode ser utilizada, intensivamente, em todo tipo de campanha.

Lembre-se! Sempre será criada uma neuroassociação entre o produto e o Arquétipo.

Isto significa que a pessoa terá uma resposta fisiológica sempre que perceber o produto. Esta resposta será agradável ou não, dependendo do que foi usado. Utilizando-se o Arquétipo correto, uma propaganda será potencializada inúmeras vezes, mas em caso contrário poderá até provocar a "quebra" da empresa ou a "desconstrução" de um candidato.

Sabendo-se como funciona o sistema emocional ou límbico do consumidor, podemos criar respostas bioquímicas ou emocionais, ancorando o consumidor em uma determinada marca, produto ou o que for que se deseje.

O consumidor necessita, imensamente, de endorfinas, serotonina, dopamina e outros neurotransmissores e hormônios. Satisfazendo-se isso, por meio de símbolos ou Arquétipos do seu produto, empresa, candidato etc., a fidelidade do consumidor estará garantida para sempre. Basta reforçar cada vez mais e o próprio consumidor procurará o seu produto, sua marca, seu candidato, seu cantor etc.

A vantagem é que não há tentativa e erro. Usando-se o Arquétipo correto, inevitavelmente, o consumidor reagirá da forma desejada. Basta que ele veja ou ouça seu estímulo e o resultado é certo.

Tudo que já foi feito nesse sentido foi por intuição. O que estamos explicando aqui é Ciência.

Nenhum mercado é impossível de ser conquistado, ou já está preenchido por competidores imbatíveis. Isso não existe. Sempre existe meio de entrar em um mercado já existente, ou de se criar um. Seu concorrente tem pontos vulneráveis que nem imagina e que, ainda, não foram, devidamente, explorados. Você pode fazer isso com o que estamos explicando aqui.

Utilizando-se palavras fortes, embalagens com formato arquetípico, tipo de letra, cores provocando respostas emocionais adequadas, odores arquetípicos com os produtos de aromaterapia e difusores em lojas e locais adequados, neuroassociações poderosas, público alvo escolhido a dedo, pode-se penetrar e vencer em qualquer mercado.

Não estamos tocando no assunto qualidade do produto, eficiência no atendimento e entrega, administração ou outras variáveis, porque é o óbvio. Sem essas condições nem adianta competir no mercado.

Nós estamos falando do que faz a diferença, pois o conhecimento comum é dado a todos e, portanto, não faz diferença nenhuma.

Existe público alvo para todo tipo de Arquétipo, produto, marca, patologia, doença, distúrbio, neuroses etc. O campo é vastíssimo, não diria infinito porque estamos circunscritos ao planeta Terra.

Quando falam sobre crise é porque não estão sabendo atingir o mercado, que já existe ou que pode ser criado.

Pode-se criar necessidades nos consumidores da noite para o dia. Basta lançar o produto e neuroassociá-lo, poderosamente, com determinados neurotransmissores.

Vamos deixar bem claro: o mercado flui em certa direção. Caso você esteja indo na direção errada, ficará com o "mico" na mão, como dizem os corretores de ações e poderá ser fatal ou doloroso demais. Seguindo o fluxo correto teremos sucesso com o menor custo possível de energia, o contrário pode ser fatal ou doloroso demais. Verifique se você não está indo contra o fluxo. A crise é um sinal claro de "viagem no contrafluxo".

Capítulo IV
Alguns exemplos das possibilidades

A seguir apresentamos uma relação extensa das possibilidades de aplicação dos Arquétipos em todo tipo de produtos. Nada melhor do que um exemplo para ilustrar o conhecimento.

Inserção de palavras ou imagens disfarçadas como fundo de uma imagem percebida conscientemente.

Quando a palavra ou imagem é um Arquétipo o efeito é poderoso e imperceptível.

Por exemplo, pode-se usar uma taça de bebida na frente de uma mulher deitada em posição de exame ginecológico. A mulher ao fundo só é percebida de maneira inconsciente. Resultará em uma associação fisiológica poderosa entre o produto e a posição arquetípica. Imediatamente, o cérebro comandará a produção de neurotransmissores e hormônios de acordo com a visão consciente e inconsciente da pessoa.

Não importa absolutamente se a pessoa percebeu conscientemente a imagem de fundo ou não, de qualquer forma ela responderá ao estímulo. Pode-se deste modo, fazer com que a pessoa reaja e comporte-se da maneira para a qual foi estimulada. Como a resposta é a um estímulo inconsciente, a pessoa não saberá o motivo pelo qual está tomando aquela decisão e, caso seja inquirida sobre o porquê de seu comportamento criará qualquer desculpa para justificar o seu comportamento, mesmo sem saber o motivo.

Outra maneira de usar esta técnica é colocar alguém falando em primeiro plano e ao fundo haver um quadro pintado e dividido ao meio. De um lado as cores da pessoa com Arquétipos bons, fortes e positivos e do outro, com as cores do adversário formando o contorno de Arquétipos negativos e fracos, como monstros e ratos.

Efeitos de inversão de frente e fundo, com figuras diferentes sendo representadas em ambos os modos. Neste caso, nós temos a percepção de apenas uma das formas ou figuras por vez. A pessoa vê ou percebe apenas o que está à frente ou o que está ao fundo. O que ela não percebe é percebido pelo inconsciente, que reage ao fato, imediatamente, de maneira a criar uma resposta fisiológica positiva ou negativa para a pessoa.

O efeito de construir uma imagem a partir de outras, sendo que o consciente não percebe as outras imagens usadas. Principalmente, usam-se corpos de mulheres para formar rostos, palavras etc. Plantas para formar objetos. Quem vê fará uma associação entre as imagens, palavras ou produtos com os corpos das mulheres, geralmente seminuas. É óbvio que a resposta às figuras, palavras, pessoas ou produtos será extremamente positiva.

Note-se que o apelo sexual é extremamente forte, porque é o segundo lugar na escala de prioridades das pessoas. Quando a pessoa vê isto o cérebro fabricará o neurotransmissor, passando a pessoa a sentir-se bem. Cria-se uma neuroassociação que levará a pessoa a procurar novamente a visão do produto, para ter a mesma sensação.

Inserção de genitais masculinos e femininos em diversos estados de excitação ou não, junto a produtos vistos conscientemente, provocando uma poderosa resposta fisiológica. Principalmente com pênis ereto ou os mais variados formatos de pênis, nádegas, seios, genital feminino etc. O mesmo processo de associação é criado.

Uso de animais peçonhentos para representar doenças fatais. O uso de morte, crânio, cadáveres, monstros, caveiras etc., que estimulam o instinto de morte. Esta técnica é extremamente eficiente e as pessoas pouco a pouco serão levadas a comportamentos autodestrutivos, que é a resposta automática ao estímulo. Além disso, vai gerar depressão, melancolia, tristeza, deprimir o sistema imunológico, causar desesperança, desespero e todas as suas consequências. Garante a imobilidade e passividade das pessoas atingidas pelo estímulo. Elimina as endorfinas.

Para se contrapor ao estímulo negativo, deve-se utilizar Arquétipos positivos e/ou fortes que criarão os neurotransmissores: endorfina, serotonina e dopamina, compensando os efeitos destrutivos do primeiro estímulo. Desta forma, podem-se controlar, completamente, as emoções e os comportamentos das pessoas, regulando-se, exatamente, a sua resposta e o comportamento.

Com esse conhecimento não há problemas em controlar qualquer número de pessoas, seja uma ou milhões, dependendo apenas de se ter condições de fazer com que vejam a mensagem adequada. Possibilidades infinitas estão abertas com esta técnica para controlar a mente e o comportamento das pessoas, por conseguinte o consumo das mesmas.

Uso de posições arquetípicas, como a posição de segurar o pênis pelos homens e um determinado produto. Isto gerará uma associação entre o produto e o pênis, de força e poder. Os homens sentirão força e poder ao manipular o produto. As mulheres também terão este tipo de reação como atração sexual. Tudo isso de forma inconsciente e altamente eficiente.

Posição arquetípica de braços levantados acima da cabeça com um pênis desenhado na barriga do modelo. Esta posição denota abertura e novas possibilidades. A pessoa está aberta para novas experiências e situações. É um convite à ação. O pênis na barriga reforça o convite e garante a estimulação conveniente.

Palavras escritas no rosto de pessoas conhecidas ou não, com pigmentação apenas reconhecida pelo inconsciente. Esta técnica tem inúmeras possibilidades, tantas quantas as palavras que podem ser escritas, gerando a resposta emocional de acordo com o conteúdo arquetípico da palavra.

Desenho de nádegas em várias posições do corpo humano. Sobrepõe-se o desenho ou foto de nádegas sobre outras partes do corpo do modelo, perto do produto anunciado. Isto tem um efeito poderoso na resposta fisiológica. Lembre-se do atavismo que os homens e as mulheres têm por nádegas.

Uso de letras com formatos fálicos. Desenha-se a letra com formatos de órgãos genitais e a palavra final terá poderoso efeito estimulante.

Tudo que tem formato ou significado fálico é extremamente poderoso para definir o comportamento humano.

Uso de impressão monocromática para dificultar a percepção de um enorme pênis saindo do calção de banho, associado a um produto de uso feminino. Quando há uma página ou tela inteira na mesma cor ou nuances da mesma cor, fica muito difícil perceber a inserção de um órgão sexual.

Instrumentos de maquiagem com formato oval, com uma sombra no meio, dando a ideia do órgão genital feminino.

Meio corpo de mulher em posição de exame ginecológico, com um óvulo sendo penetrado por algo.

Mulher nua deitada sobre um homem segurando um frasco de perfume.

Homem nu nadando em uma piscina, com os músculos retesados, tendo ao lado um perfume masculino.

Associar o produto com preguiça, não fazer nada, férias, comida, sexo etc., tem sempre um público alvo garantido.

Garrafas curvadas ligeiramente para a direita. Pode-se colocar um homem junto e o produto ao lado.

Desenho de uma mulher segurando o produto, com um seio apenas aparecendo, curvas e depressões no corpo, simbolizando áreas sexuais femininas.

Lábios entreabertos, uma mecha de cabelo caindo na testa.

Exposição de produtos alimentícios de forma fálica masculina. Esta técnica também tem inúmeras possibilidades. Vários produtos comestíveis podem ser apresentados desta forma. Por exemplo, ovos de páscoa abertos ao meio com genitais femininos desenhados dentro de uma das partes. Ao lado coloca-se o produto anunciado. Lembre-se que cada formato, símbolo, produto, tem seu significado arquetípico emocional associado automaticamente. Um ovo aberto ao meio presta-se perfeitamente a que se desenhe um genital feminino dentro dele.

Logotipos com formatos fálicos masculinos e femininos. Imaginem o logotipo da empresa, divulgado na fachada da empresa ou loja, na nota fiscal, no cartão de apresentação etc., associando a empresa com um órgão genital. Toda vez que o consumidor ver este símbolo ele terá a resposta fisiológica que teria ao ver o órgão real.

Desenho de mulher deitada sobre o abdômen de um modelo. Aqui, nós já multiplicamos várias vezes o resultado obtido, pois a visão inconsciente de um homem ou mulher nus um sobre o outro é extremamente atrativa e provocará uma poderosíssima resposta fisiológica sexual do consumidor.

Desenho de um tórax masculino que quando visto invertido se transforma em seios. Isto é usado porque o subconsciente tem visão invertida como uma das suas habilidades. O mesmo se dá quando se vê uma foto de cabeça para baixo. Coloca-se a foto de um homem e uma mulher tendo uma relação sexual, em posição invertida, de maneira que o consumidor teria de virar a página para entender a cena. Poucas pessoas farão isso e todas terão sido estimuladas, inevitavelmente.

Anote-se que o subconsciente tem visão de espelho, isto é, ele normalmente vê o inverso do que se vê habitualmente. Permite que se coloque a mensagem invertida e dificilmente será percebida pelo consciente da pessoa.

Uso de cubos de gelo com o desenho de figuras, pessoas, comportamentos sexuais, monstros, fantasmas, imagens arquetípicas de bêbados, caveiras, pessoas morrendo etc. Em cubos de gelo é possível colocar praticamente tudo, ficando muito bem escondido. Este é um excelente lugar para esconder os estímulos subliminares.

Uso de pênis ereto para simbolizar poder e força. Em quadros e pinturas.

Pessoas morrendo dentro de copos de bebidas alcoólicas. Prova-se ao inconsciente que aquele produto provoca morte e, portanto, pode ser consumido, pois ele funciona.

A morte é o Arquétipo mais poderoso do lado negativo e seu efeito é devastador para o estado emocional de qualquer pessoa. A exposição contínua ou constante a este Arquétipo, inevitavelmente, levará a pessoa a atitudes e comportamentos destrutivos, autossabotadores, gerando seu estado depressivo.

Tenho vários alunos policiais e enfermeiras que confirmam os problemas emocionais decorrentes da exposição contínua à morte.

Você pode fazer essa experiência, caso não acreditem no que está sendo mencionado. Visite semanalmente um velório qualquer e fique meia hora olhando o cadáver de uma pessoa desconhecida. Observe o que vai acontecer com o seu estado emocional depois de um tempo. Não recomendo a ninguém fazer isto, mas caso queiram comprovar é fácil. Colete amostra de sangue antes de entrar no velório e depois de saírem de lá e faça uma avaliação dos neurotransmissores.

Desenhos tétricos de monstros, castelos mal-assombrados, cores escuras. Como já explicado sobre o crânio e suas variações, esta técnica induz à depressão, levando gradualmente o consumidor à autodestruição. Note-se que ele já estará em algum ponto na escala de autodestruição, bastando apenas um empurrãozinho para chegar mais perto. Os que estiverem suficientemente perto consumirão, imediatamente, e os demais serão atraídos gradualmente. O uso da morte como indutor é infalível como gerador de estados emocionais negativos e consequentemente dos comportamentos correlatos.

Caveiras embutidas em outras imagens. O mesmo aplica-se a esta técnica, com a vantagem de que a pessoa não sabe que está sendo induzida a sentir emoções negativas. Simplesmente a pessoa não tem como escapar disso.

Antes que o leitor se pergunte por que existe tanta publicidade com motivo sexual, devo explicar um pouco sobre a **Escala de Maslow**.

A grosso modo, o ser humano tem estas prioridades: comida (sobrevivência pessoal), sexo (sobrevivência da espécie), poder, autoconhecimento, espiritualidade.

A publicidade é voltada para o estímulo sexual, porque é nessa faixa onde está o consumidor alvo. Pobres não têm dinheiro para consumir e estão preocupados com comida, portanto a publicidade que falar de comida estará atingindo este público alvo específico.

A classe média é quem consome e ela está parada na questão sexual. Esta questão deve ser estimulada e reprimida, ao mesmo tempo, para se manter o consumidor com fidelidade ao produto. Um nível mínimo de consumidores está no nível de poder e os anúncios voltados para eles são feitos em mídias específicas e não de massa.

Sobreposição de imagens de produtos ao corpo de uma mulher em posição que estimula a sexualidade. Haverá uma associação entre o produto e o sexo. Toda resposta fisiológica será associada ao produto citado. Depois dessa associação, basta a pessoa ver o produto ou ouvir para trazer à tona a mesma resposta. Os resultados são inevitáveis.

Anúncio de produto em uma estrada com montes e vales ladeando a estrada, com depressões e buracos simbolizando áreas sexuais.

Fotos de relacionamentos sexuais entre duas mulheres, uma tocando o genital da outra. Esta associação liga homossexualidade ao produto.

Alimentos sendo tocados pela língua fora da boca de uma mulher, com nítido enfoque sexual. Este é um poderoso apelo ligando o sexo oral ao produto. Tudo que diz respeito ao sexo tem um poderosíssimo efeito indutor.

Desenhos de pulseiras sendo penetradas por uma mão molhada por substâncias não identificáveis. Claramente um simbolismo sexual de penetração.

Joias com formatos fálicos femininos.

Alimentos desenhados com o formato de seios.

Associação entre produtos para bebês com alusão ao tamanho do pênis.

Fotos de uma mão entreaberta sendo penetrada pela outra mão fechada, associada com o produto. Outra imagem fálica de penetração.

Inserção de sigla de partido político na tela da televisão no momento do gol. O telespectador associará a sigla do partido com a alegria do gol, realização, força, poder etc. Tudo de maneira inconsciente.

Foto em que aparece apenas a metade do dedo penetrando um anel, relacionado com presente inesquecível para uma mulher. Outro simbolismo de penetração sexual.

Modelos com o braço levantado e dobrado, com o cotovelo formando as curvas que dão claramente a ideia de nádegas.

Palavras projetadas ao fundo de maneira quase imperceptível. Inevitavelmente o significado da palavra ou marca será associado ao produto em relação ao que está em primeiro plano ou vice-versa.

Palavras de Arquétipos negativos como "ratos", inseridas sobre filmes de concorrentes. Esta inserção pode ser visível ou não, dependendo da velocidade com que é projetada a palavra "ratos". De qualquer forma, o efeito é arrasador para quem sofre esta associação.

Homem deitado com o cotovelo dobrado formando um pênis e os testículos. Para ver este formato é preciso virar a página e olhar horizontalmente.

Líquido derramado de um copo com formato de espermatozoides. Às vezes, à frente dos "espermatozoides" existe um "óvulo" a ser "fertilizado".

Joias com formatos de espermatozoides. Como este é um formato arquetípico e fálico por natureza, é muito usado, pois seu resultado é certo.

Vidros de perfumes com uma língua fora da boca invertida ao fundo. A língua está colocada de uma forma que parece lamber algo.

Várias mulheres trocando olhares com claro sentido sexual. Associar esta atitude com o produto. Está evidente que o público alvo é especificamente este.

Bebida sendo derramada no pescoço de uma mulher que ao cair pelos seios forma o logotipo do fabricante. Forma extremamente poderosa de associar o produto ou marca a uma atitude arquetípica poderosíssima, que é a fase oral.

Mulher com a perna aberta de frente e com o semblante denotando atividade sexual, ao lado do nome do produto. Uma clara alusão à masturbação feminina.

Homem segurando o pé de uma mulher. Veja o filme: Lolita (1962).

Boca entreaberta de tamanho desproporcional ao rosto de uma mulher. Associação com o órgão genital feminino.

Pares de sapatos formando imagens de órgãos sexuais femininos e penetrações. Note que pares de sapatos femininos são muito apropriados para serem usados com formatos fálicos ou atividade sexual.

Rapaz e moça, ela com a blusa quase caindo e os seios à mostra. O rapaz com um pênis desenhado no abdômen e um profundo sulco no meio do peito. A atitude dos dois complementa os desenhos.

Três sapatos dando a ideia de relação sexual a três.

Mulher com as pernas abertas usando roupa que possui uma fruta no local do órgão genital, entre dois cavalos puro sangue. Os cavalos são garanhões e a fruta simboliza o "fruto" a ser colhido.

Vários homens fumando charutos em uma sauna. Charutos e cigarros sempre foram símbolos fálicos. Notar que eles quase sempre estão voltados para cima.

Duas jovens com o olhar de que foram pegas em flagrante. Uma delas com os seios quase a mostra e a outra com a blusa sendo puxada pelo ombro abaixo. Especificamente feito para este público alvo.

Duas mulheres, estando uma deitada em uma cama e a outra sentada no chão ao pé da mesma cama. As duas com roupas íntimas. Em uma delas pode-se ver o rosto que está com a expressão de "depois".

Um pedaço de carne ao lado de um computador com um profundo sulco no meio da carne, simbolizando o genital feminino.

O uso de caixas de correio para estimular a ansiedade. Esta ansiedade deverá ser amenizada com o uso do produto associado.

Cápsulas para serem ingeridas, com o formato de espermatozoides.

Fatias de carne dobradas para parecerem órgãos genitais femininos e espermatozoides.

Cauda de pavão com desenhos de espermatozoides e uma garrafa de bebida ao lado.

Mulher fumando charuto com a boca aberta. Com evidente olhar de atividade sexual.

Copo com conteúdo parecendo órgão genital feminino e uma garrafa de bebida ao lado.

Rosto com formato de pênis e testículos fumando um cigarro.

Mulher de frente para um homem segurando uma trave com a mão direita e, com a esquerda, dando a entender com o olhar que está pegando no pênis dele.

Pé de mulher tocando a perna de um homem por baixo da mesa ao lado de uma garrafa de bebida.

Duas crianças em uma floresta desconhecida. Ao lado o nome de um produto que garantirá a segurança delas.

Garrafa de bebida com foto de carro de corrida ao fundo, bem diluída. Associando a bebida as sensações que o carro de fórmula 1 produz nas pessoas.

Garrafa de xampu com o líquido jorrando pela boca da garrafa, simulando um orgasmo.

Garrafas de cerveja com o conteúdo escorrendo pelo gargalo, como um orgasmo.

Escritório onde aparece apenas uma perna de mulher escondida ao fundo.

Homem e mulher completamente suados, como se estivessem após o ato sexual.

Garrafa de bebida ao lado de um pênis flácido após uma relação sexual.

Zíper abrindo-se como órgão genital feminino.

Mulher de costas sentada na cama com as pernas muito abertas e o nome da loja ao lado.

Homem deitado de bruços na cama com um cigarro nas mãos.

Vidro de perfume com o formato de um corpo de mulher de perfil.

Taça de cristal no meio de dois laços de papel simbolizando órgão genital feminino. Evidente indução de penetração.

Mulher com o braço esquerdo levantado segurando os cabelos e chupando o dedo mínimo da mão direita, ao lado o nome da loja.

Mulher com enorme decote nas costas, segurando um cigarro e com olhar sedutor.

Duas jovens, uma sentada e a outra com a cabeça no colo da primeira e com as pernas abertas. Olhar significativo nas duas. Nome da loja ao lado. Outro apelo ao público alvo específico.

Homem de terno olhando para baixo sorrindo e a silhueta de duas mulheres nuas de costas ao lado da sua cabeça.

Rótulo de garrafa de bebida com duas nádegas de mulheres. Ao fundo outra nádega encobre toda a garrafa.

Mulher deitada na cama de frente com uma mão no órgão genital em posição de masturbação. Do lado o nome da loja.

Mulher de frente sentada na cama com as pernas abertas segurando uma roupa que mal a cobre, com olhar sensual. Ao lado o nome da loja.

Homem com o braço levantado em ângulo reto mostrando a axila. Quando invertida foto ou desenho, vê-se claramente a indução de uma vagina e um ânus. Ao lado o produto.

Sala contendo estante com livros e anunciando TV e som. Todo o chão está repleto de charutos, formando como montanhas de charutos. Isto sempre foi um símbolo fálico, extremamente, eficiente para produzir um estado associado.

Homem nu de frente, em uma cozinha, com um pote cobrindo o pênis. Claríssima associação com atividade sexual e as emoções resultantes. Quando você verificar a caixa do produto, seu corpo refletirá inconscientemente estas emoções.

Duas mulheres, uma sentada no chão encostada na parede e a outra deitada no chão de frente com as pernas abertas envolvendo a primeira. A primeira coloca um dos pés entre os seios da segunda, que segura esta perna com as duas mãos, com os olhos fechados e a boca semiaberta em evidente êxtase sexual. Obviamente, este público alvo deve consumir esta marca, pois é uma constante este tipo de indução.

Velho caquético escorrendo pelas gotas congeladas de uma garrafa.

Mulher chupando o dedo enquanto serve uma garrafa de cerveja. Quando você tomar esta cerveja em que estará pensando o seu corpo?

Caveira desenhada dentro de um cinzeiro ao lado de uma garrafa de uísque.

Um jarro com líquido sendo derramado em muitos produtos. Vendo-se esta foto invertida percebe-se a ideia de um pênis penetrando nos produtos.

Cosméticos com formato de órgão genital feminino.

Óvulo sendo penetrado ao lado de um desenho da posição arquetípica de atividade sexual. Sempre o produto ao lado.

Garrafa com formato de nádegas.

Homem tirando o sutiã da mulher, enquanto esta tira a calcinha. Ao lado o produto.

Estes são apenas alguns exemplos de como podem ser utilizados os Arquétipos.

As possibilidades de gerar emoções e sentimentos são praticamente infinitas, dado o número imenso de Arquétipos à disposição.

Temos os gregos, romanos, egípcios, orientais, chineses, japoneses, hindus, celtas, anglo-saxões, germânicos, incas, maias, astecas, folclore brasileiro, indígena, africanos, literários, cinematográficos, modernos, fábulas, histórias em quadrinhos etc. O importante é saber exatamente o resultado de um Arquétipo, para usá-lo ou se defender com sabedoria.

Capítulo V
Filmes com o uso de Arquétipos

O uso de Arquétipos nos filmes provou ser uma mina de ouro infindável, por meio dos roteiros, personagens, efeitos especiais e toda a magia do cinema.

Em um filme podemos explorar todas as possibilidades de imagem e som, criando estados emocionais os mais variados possíveis. A forma mais fácil do leitor entender como é possível produzir todos os estados emocionais – que se quiser e na medida que se quiser – é vendo e analisando os filmes de terror, terrorismo, crimes, ficção científica etc., onde são utilizados estímulos diversos para produzir *exatamente* a reação que se quer no público. Nem mais nem menos.

É importante entender isso, pois estamos falando de negócios, vendas etc. Quando se trata com Arquétipos não existe risco financeiro em um filme. Ele dará lucro de qualquer maneira. É impossível não acontecer isso. Basta ativar o inconsciente coletivo e a resposta é inevitável.

Portanto, todos os estados emocionais podem ser ativados, mantidos, reforçados etc., pelo tempo que se quiser, na quantidade que se quiser etc. Nada é por acaso, tudo pode ser programado. Lugar melhor que Hollywood para se ganhar dinheiro não existe. É onde a matéria prima é o inconsciente coletivo. E isso é de graça, já está lá. É só usar.

Filmes que rendem dezenas e centenas de milhões de dólares de bilheteria passaram a ser normais, devido aos seus roteiros e ao uso de imagens arquetípicas. Os roteiristas e diretores descobriram que pesquisar material psiquiátrico produzia lucros fabulosos no cinema. Um exemplo disso é a série *Alien*, cujo ser extraterrestre foi baseado no trabalho de Stanislav Grof. A receita do bolo é perfeita e basta fazer filme após filme e lucrar mais e mais.

O que não se deve fazer é inventar Arquétipo. Isso não existe. Só podemos usar os Arquétipos que já existem no inconsciente. Caso se contrarie essa regra o filme não dará lucro.

Vejamos se ficou claro. A série Alien só deu resultado porque o formato do *Alien* está baseado em uma forma arquetípica extremamente poderosa. O roteirista não inventou isso. Basta pesquisar os livros de psiquiatria e fazer o filme em cima da realidade. Quando se usa um determinado Arquétipo ele despertará uma específica resposta neuronal, provocando a emoção exata que se quer.

Ao ver uma imagem e ouvir um som, nosso cérebro produz endorfinas e neurotransmissores de acordo com essa imagem ou som específico. Em seguida o corpo fabrica hormônios e temos as emoções, sensações e sentimentos despertados conscientemente.

Os atores conseguem vivenciar tão bem os Arquétipos dos personagens, que o espectador tem seu ritmo cardíaco elevado sem perceber que é apenas um filme. As possibilidades são tão fortes que os diretores regulam, propositalmente, os efeitos a fim de controlar a reação do público e de manter o controle da situação.

Existem casos reais de testes psicológicos que após a exibição de um filme, as pessoas quebraram o cinema inteiro. Isso já era esperado, mas mesmo assim foi realizado o teste. Temos casos de filmes que provocaram grandes mudanças após sua exibição, como os do diretor Stanley Kubrick.

Nunca se deve menosprezar o efeito de um filme para mudar uma sociedade ou moldá-la como se quiser. Podemos criar uma cultura inteira em cima de um filme ou uma série. *Wall Street*, *Blade Runner*, *Star Wars*, *Star Trek*, *Arquivo X*, *Matrix*, *O Senhor dos Anéis*, são clássicos.

Como os Arquétipos permeiam tudo que existe através do inconsciente coletivo, proposto por Carl Jung, basta o diretor ativar um Arquétipo no público que este reagirá imediatamente.

Os filmes de terror são todos baseados em Arquétipos deste tipo. Vejam que somente são usados monstros arquetípicos para dar lucro. Não adianta inventar que não funciona. Isto é Ciência.

Quando se usa um Arquétipo forte positivo ou negativo o efeito é imediato e o lucro também. Basta acrescentar a criatividade do roteirista ou diretor na nova abordagem sobre o Arquétipo. Porém, o Arquétipo é o mesmo.

A respeito dos Arquétipos negativos é preciso muito cuidado para se trabalhar com eles, visto que sua energia não é exatamente positiva...

As questões fundamentais da vida são o melhor meio de usar um Arquétipo no cinema com sucesso. Vejamos algumas delas:

Vida e Morte.
Ritos de passagem.
Deuses.
Anjos e demônios.
Personagens mitológicos de todas as culturas.
Nascimento.
Sentido da vida.
Sacrifício.
Filosofia.
Sacerdote.
Mago.
Magia.
Feiticeiro.
Homem.
Mulher Virgem e Pura.
Mulher Fatal.
Prostituição.
Adolescente.

Rebeldia.
Herói.
Heroína.
Vilão.
Messias.
Bem.
Mal.
Vampiros.
Ego.
Renúncia.
Soltar.
Bondade.
Beleza.
Maldade.
Honestidade.
Desonestidade.
Negócios.
Escravidão.
Liberdade.
Juventude.
Amor.
Amar.
Romance.
Sexo.
Nu.
Despir-se e vestir-se.
Fase oral freudiana.
Ninfomania.
Estupro.
Símbolos sexuais.
Fetiches.
Medo.
Enfrentar os desafios.

Pequenos contra grandes.
Fracos contra fortes.
Polícia.
Bandido.
Sofrimento.
Poucos contra muitos.
Confiança.
Fé.
Coragem.
Covardia.
Honra.
Justiça.
Humor.
Comédia.
Bobo da corte.
Luta.
Guerra.
Disputas.
Artes marciais.
Samurai.
Conquista.
Cavalheirismo.
Sadismo.
Masoquismo.
Ganhar no último momento.

Todas as classificações de doenças mentais e fobias são excelentes Arquétipos para um filme de sucesso. *Psicose* é um clássico.

Quanto à questão de induzir um estado emocional nos espectadores, Dr. António Damásio conta que Hitchcock usava uma técnica simples, que é a de suspender, inesperadamente, uma situação de tensão, levando ao bem-estar e à alegria. Utilizando-se Arquétipos de tragédias e suspendendo a ação, obteremos este resultado.

O filme *Lolita* – Stanley Kubrick – é excelente exemplo de como se pode explorar a questão sexual de modo sutil. Veja a abertura do filme, que tem apenas um pé de mulher, e porque ele foi proibido na França, na época de seu lançamento. Apenas um pé de mulher é suficiente para ativar sexualmente o inconsciente coletivo de um país...

Existem receitas bem simples, como um filme baseado em um herói, na Jornada do Herói, como dizia o extraordinário mitólogo Joseph Campbell. Neste caso, devemos ter um bandido ou monstro terrível a ser enfrentado, com inúmeros perigos pelo caminho. A ideia é provocar uma projeção total entre o fã e o personagem-ator.

Toda história transmite um conhecimento sutil para o subconsciente e desta forma, pode-se moldar o que o público sente e faz.

Pode-se até criar uma nova religião como o Jedaísmo. Religião que foi declarada como por dezenas de milhares de australianos, no censo oficial feito em seu país recentemente. Basta colocar os Arquétipos corretos, na medida certa que o efeito é inevitável.

O Arquétipo do Vampiro é campo fértil para inúmeros filmes e seriados de sucesso. Aliás, tudo que é terror e horror tem público garantido, pois está profundamente arraigado no inconsciente coletivo. Sugar a energia vital dos demais é algo bem comum, tanto do ponto de vista sexual como assexuado. O lado animal e primitivo é muito fácil de ser ativado, porque existe uma fina camada de civilização por cima dele. Deve-se estudar bem as patologias mentais para se fazer um monstro bem real ou o mais parecido possível com a realidade, que pode ser veiculada no cinema.

Lembre-se que o uso do Arquétipo ativa sua ação, portanto, todo cuidado é pouco. Existem casos de tragédias pessoais após o diretor ter feito filme sobre satanismo.

Arquétipos não são brincadeira. Para isso, os desenhos de pessoas com doenças mentais são material valiosíssimo de pesquisa e fonte de inspiração. Todo filme que mostrar o lado da Sombra terá público certo, porque estará ativando a sombra de cada um. É por esta razão que esses filmes são dosados na medida certa, pois não existe limite sobre o que é possível fazer com o público.

Cuidado ao mexer com estes Arquétipos. Um mestre nesta área é Stephen King. Nos filmes da série *Hannibal*, os atores relataram que tinham medo de entrar na cela dele! E estavam em um set de filmagem!

Quando se encarna um Arquétipo tudo pode acontecer. Por isso, os atores devem ganhar tanto, porque o risco é muito grande. Veja a excepcional atuação da atriz no filme: *Monster*, ganhadora do Oscar.

Pesquise o trabalho do Prof. Oliver Schol Theiss sobre a influência do cinema sobre os hormônios.

Matrix, *eXistenZ*, *13º andar*, são filmes imperdíveis, pois mostram a questão da realidade e da ilusão de forma muito inteligente. *Matrix* mostra como se pode criar uma realidade virtual na mente de todo um povo e ninguém vê a realidade.

Todo filme cujo enredo é penetrar na mente de alguém é garantia de sucesso. A série *Scanners* também é interessante, porque mostra as possibilidades de expansão da consciência, abarcando tudo que existe e tendo acesso a tudo no Universo.

O Corvo trata de Morte e Renascimento que é básico na evolução da humanidade, por meio dos rituais de Morte e Renascimento de todo rito de passagem. Gerou vários filmes e um seriado.

Todos os filmes do ator e diretor Kevin Costner exploram os nas entrelinhas o que esses filmes querem transmitir. Por exemplo, o extraordinário *Campo dos Sonhos*.

A seguir uma lista parcial de filmes que abordam, de maneira excelente, inúmeros Arquétipos:

A Lista de Schindler – Lian Neeson
Politicamente incorreto – Warren Beauty
Acerto Final – Jack Nicholson
Sociedade dos Poetas Mortos – Robin Williams
Amistad – Morgan Freeman
1492 – A Conquista do Paraíso – Gerard Depardieu
O Desaparecimento de Garcia Lorca – Andy Garcia

Disputa em Família – Andy Garcia
Herói por Acidente – Andy Garcia e Dustin Hoffman
Sempre Amigos – Sharon Stone
Gênio Indomável – Robin Williams e Matt Damon
Amor Além da Vida – Robin Williams
Homem Bicentenário – Robin Williams
Patch Adams – O Amor é Contagiante – Robin Williams
O Homem que Fazia Chover – Matt Damon
O Segredo das Águas – Kevin Costner
A Árvore dos Sonhos – Kevin Costner
O Campo dos Sonhos – Kevin Costner
Um Mundo Perfeito – Kevin Costner
JFK – Kevin Costner
Dança com Lobos – Kevin Costner
Robin Hood – Kevin Costner
Os Intocáveis – Kevin Costner
O Mensageiro – Kevin Costner
O Jogo da Paixão – Kevin Costner
Carta de Amor – Kevin Costner
Treze Dias – Kevin Costner
A Libélula – Kevin Costner
Nixon – Oliver Stone e Anthony Hopkins
Síndrome Nuclear – Martin Sheen
Um Homem Sem Face – Mel Gibson
Coração Valente – Mel Gibson
O Preço de um Resgate – Mel Gibson
Eternamente Jovem – Mel Gibson
No Limite – Anthony Hopkins
Encontro Marcado – Anthony Hopkins e Brad Pitt
Instinto – Anthony Hopkins
O Paciente Inglês – Anthony Minghella
Além da Eternidade – Spielberg
Feitiço do Tempo – Bill Murray

O Encantador de Cavalos – Robert Redford
Nada é para sempre – Robert Redford
A Negociação – Samuel Jackson
O Carteiro e o Poeta - Michael Radford
Segunda Chance – Harrison Ford
Perfume de Mulher – Al Pacino
Fantasmas do Passado – Whoopi Goldberg
Jerry Maguire – Tom Cruise
Voando para Casa - Jeff Daniels
Os Anjos Entram em Campo – Danny Glover
Space Jam – Michael Jordam
A Teoria do Amor - Fred Schepisi
Forrest Gump – O Contador de Histórias – Tom Hanks
O Resgate do Soldado Ryan – Tom Hanks
À Espera de um Milagre – Tom Hanks
Energia Pura - Victor Salva
O Enigma do Horizonte - Paul W. S. Anderson
Contato – Jodie Foster
Sem Medo de Viver - Peter Weir
Os Miseráveis - Tom Hooper
O 5º Elemento – Bruce Willis
Alguém para Dividir os Sonhos – Danny Glover
O Oitavo Dia - Jaco Van Dormael
O Pequeno Buda - Bernardo Bertolucci
Reação em Cadeia – Keanu Reeves
O Jardim Secreto - Agnieszka Holland
A Princesinha - Alfonso Cuarón
Separados Mas Iguais - Sidney Poitier
Honra e Glória - Kevin Hooks
Bopha - Morgan Freeman
Malcom X - Spike Lee
Star Trek - Roberto Orci e Alex Kurtzman
Star Wars - George Lucas

Carruagens de Fogo - Hugh Hudson
Fenômeno – John Travolta
O Quarto Poder – John Travolta
A Qualquer Preço – John Travolta
Michael Anjo e Sedutor – John Travolta
Segredos do Poder – John Travolta
Mera Coincidência – Robert De Niro
Fogo Contra Fogo – Robert De Niro e Al Pacino
A Missão – Robert De Niro
Tempo de Despertar – Robert De Niro
Um Domingo Qualquer – Al Pacino
O Nome da Rosa – Sean Connery
Akira Kurosawa (diretor)
Woody Allen (diretor)
Stanley Kubrick (diretor)
Steven Spielberg (diretor)
Nell - Michael Apted, Jody Foster
Buddy
Gideon – Um Anjo entre Nós – Cristopher Lambert
A Vida é Bela - Roberto Benigni
Matrix – Keanu Reeves
13º Andar - Josef Rusnak
eXistenZ - David Cronenberg
O Informante – Al Pacino
Hurricane: O furacão – Denzel Washington
O Gladiador - Ridley Scott, Russell Crowe,
Um Passo para a Liberdade - Jacques Becker
Duas Vidas - Bruce Willis
Lendas da Vida - Will Smith
Inteligência Artificial - Steven Spielberg
K-PAX - Iain Softley
Cine Majestic - Frank Darabont
O Senhor dos Anéis - Peter Jackson

Kill Bill - Quentin Tarantino
O Dia Depois de Amanhã - Roland Emmerich
Van Helsing - Stephen Sommers
Tróia - Wolfgang Petersen, Brad Pitt

Desenhos com abundância de Arquétipos:
A Bela e a Fera
Pocahontas
O Rei Leão
O Corcunda de Notre Dame
Hércules
A Espada Mágica
Aladim
A Pequena Sereia
Vida de Inseto
Tarzan

Seriados:
Arquivo X
Jornada nas Estrelas
Andrômeda
Farscape
Dead Zone
Angel

Capítulo VI
Aplicações

Vendas

A área de vendas é extensa e inclui desde os vendedores que visitam os clientes, os profissionais liberais, os vendedores de sapatos em lojas, empresários, até os relacionamentos. Inclui entrevistas de emprego, postos de gasolina, imobiliárias, lojistas em geral, vitrines de lojas, som ambiente, aromas, institutos de estética, salas de negociação etc.

Vejamos um pouco mais sobre a escala de prioridades, conforme Maslow explicou. A venda deve ser dirigida de acordo com a classe social do consumidor.

O consumidor pobre continuará pobre, mas se o produto lhe induzir a produção de determinado neurotransmissor ele ficará feliz com o produto. Nesta situação estão aqueles da primeira fase da escala de Maslow, a da sobrevivência pessoal, mas eles continuam consumindo, principalmente, por razões emocionais. Estes são os que vivem nas favelas, operários, empregados braçais etc. Por exemplo, as lojas de departamento têm até uma classificação de crédito para "autônomo não-legalizado"! Eles compram, é o que interessa.

Depois temos a classe média que na escala está na fase sexual, da sobrevivência da espécie. Esses compram mais, porque o estímulo é sexual e todos sabem como isso é forte. Mais forte que a Libido, só a Fome. Estes são gerentes, profissionais liberais, comerciantes, médios empresários, mensalistas etc. Eles também não sairão desta classe, pois teriam de resolver a questão sexual para alçarem à próxima.

Agora temos o terceiro nível da escala: o poder. Aqueles que já transcenderam a questão sexual. O sexo não é mais a razão de viver dessas pessoas. Nessa classe estão os ricos, os muito ricos, os milionários e bilionários. Estes consumirão produtos altamente segmentados.

Isso não quer dizer que não se possa vender produto de uma classe para outra. Nas favelas encontramos até carros caríssimos. Isso demonstra que o importante para o consumidor é a sensação que o neurotransmissor provoca. Ele continua a residir na favela, mas ter aquele carro induz a produção de determinado neurotransmissor, que é normal nas pessoas de poder. Essa emoção, o sentimento é que vendem o carro a essas pessoas.

É claro que as pessoas dirão que estão lutando para "subir na vida", e isso é mais uma prova de que é possível vender um produto da próxima classe para elas. Verifique como vendem as lojas de departamentos que comercializam para a classe mais baixa.

Praticamente tudo é venda, porque sempre estaremos nos relacionando com alguém e vendendo o nosso produto seja ele qual for. Em todas essas situações o uso adequado e correto dos Arquétipos é de extrema importância, porque produz o resultado emocional que desejamos, entre outras coisas. As possibilidades são infinitas e é necessário analisar com critério e cuidado o que se pretende naquela ocasião.

Nunca é demais dizer que cada caso é um caso. Generalizar o uso dos Arquétipos é correr o mesmo risco que não usar nenhum. Tudo depende de qual é o nosso objetivo, com quem vamos negociar, o que vender e para quem vender.

Os alunos empresários costumam perguntar o que devem usar quando tratam com outros empresários. Parece óbvio que se deve usar um Arquétipo forte, para provocar uma impressão com muito impacto. Porém, é preciso saber se isso não irá assustar o outro, pois existem pessoas de todos os tipos, em todas as áreas de atuação humana. Nesse caso o empresário seria afugentado e nós perderíamos o negócio. É por esta razão que não se pode simplificar demais a aplicação dos Arquétipos. Eles devem estimular para que os negócios sejam feitos e não o contrário.

Em todas as áreas e situações de relacionamentos e vendas os Arquétipos aumentarão as vendas, até de forma impressionante, mas é preciso primeiro saber se o usuário está disposto a crescer tanto quanto os Arquétipos podem propiciar. É comum o empresário dizer que quer crescer e, quando isso acontece entrar em pânico. As pessoas tendem a não acreditar na eficiência dos Arquétipos e, quando vêm os resultados estão despreparadas para eles.

O controle da mente dos consumidores está nas mãos de quem usa o Arquétipo correto na comunicação. É preciso apenas ser coerente com o Arquétipo utilizado, pois inevitavelmente incorporaremos sua energia.

Lembre-se que matéria é simplesmente energia condensada, segundo Einstein. Quando se coloca uma foto ou estátua em algum lugar, estamos manipulando energias poderosas ou fracas, positivas ou negativas, que imediatamente começarão a atuar.

As alunas ficam surpresas quando suas empregadas domésticas pedem demissão uma semana depois de um determinado Arquétipo forte, desenhado em um quadro, ser exposto na casa. Temos caso de uma empregada que saiu uma semana depois, para ganhar cinco vezes mais!

Empresas de transporte que ganharam contratos importantes, imediatamente, depois de apagar um Arquétipo fraco que estava pintado na parede e colocar um forte no lugar!

Representantes comerciais que receberam ligações do exterior, dois dias apenas, após terem instalado uma foto do Arquétipo em seu escritório. Notem que esse representante não acreditou que uma simples foto pudesse ter um efeito tão grande.

Os exemplos são inúmeros e em todos os cursos aparecem novos depoimentos de ex-alunos que estão aplicando os Arquétipos em suas vidas.

Toda a decoração da loja, indústria, escritório, consultório e demais instalações deve ser revista em função deste conhecimento. Todas as pessoas que virem o Arquétipo serão influenciadas positiva ou negativamente, dependendo de qual seja ele. Nesse caso o empresário que colocou o Arquétipo será o mais afetado, pois seu subconsciente o verá o tempo todo. Quanto maior a exposição a ele, maior o efeito.

Em uma residência todos serão estimulados a crescer e produzir sem cessar. Por essa razão é tão importante à decoração da residência. É importante rever a decoração da residência, porque podemos acertar tudo no escritório e quando chegamos em casa ficamos vendo um Arquétipo negativo/fraco ao lado da televisão, onde jantamos, dormimos etc. É preciso cuidar o tempo todo dos estímulos que estamos recebendo, pois eles não são neutros!

Como já expliquei, todas as percepções podem ser inconscientes e arquetípicas. É nesse âmbito que entram os aromas. Existem inúmeros aromas ou essências aromáticas, com os mais diversos resultados.

Importante ressaltar que os aromas são processados diretamente pelo sistema límbico, independentemente do córtex. Isso faz com que as emoções sejam despertadas sem que a pessoa possa controlá-las ou que já seja tarde quando perceber. Em virtude disso, que se fala tanto dos feromônios, substância secretada que ativa a função sexual. Portanto, o ambiente de trabalho e negociação pode ser preparado com o aroma correto para aquela situação.

O som ambiente deve da mesma forma, ser alvo do maior critério na escolha das músicas. Nunca deve ser usada uma música cuja letra é negativa ou triste. Músicas que falam de perda, abandono, desilusão, coração partido e coisas assim são, extremamente, perniciosas e negativas. Evitarão que os preciosos neurotransmissores sejam produzidos na medida em que precisamos.

O movimento dos funcionários em uma loja é de fundamental importância, sendo uma atitude arquetípica extremamente forte. O movimento é à base do Universo. Por essa razão, por exemplo, os vendedores de sapatos nunca devem ficar parados de braços cruzados.

Neuromotivação

Toda motivação depende do nível de neurotransmissores. Um chicote pode motivar por um tempo, mas nunca criará aquela motivação de dentro, que é preciso para se fazer algo significativo.

Os Arquétipos criam a motivação que faz as situações acontecerem e perduram nas pessoas por um tempo indefinido.

Caso o leitor esteja procurando a resposta para a motivação real, somente com o uso do Arquétipo correto conseguirá resultado. Caso seja empresário, gerente de vendas etc., isso terá ainda mais valor para ele. Somente agindo no inconsciente encontraremos como mudar, de forma definitiva, para um novo nível de produtividade.

Neuroprosperidade

Aqui estão dois exemplos de como os Arquétipos podem induzir a mudança de comportamento: Midas e Salomão. Estes são dois Arquétipos que promovem prosperidade. É preciso vivenciá-los.

Como um exemplo de que Arquétipos são levados a sério pelos milionários, vejam *The Midas List* no *site* da *Forbes* (www.forbes.com). Todos os milionários usam o Arquétipo Midas e outros tão poderosos quanto.

Basta que uma pessoa mude de Arquétipo e sua vida começará a mudar, de qualquer maneira. Não há forma de evitar, somente com autossabotagem e voltando ao Arquétipo antigo.

No caso de empresas e países, a regra é a mesma. Por exemplo: Por que os países da Ásia que crescem são chamados de Tigres Asiáticos? Por que Tigres?

Também é necessário tirar das casas, empresas etc. todos os símbolos fracos, como patos na cozinha, pinguim, vacas, elefantes, tartaruga, coelho, bananas, monstros, ratos, aranhas etc.

Tirando todos os Arquétipos fracos e substituindo por fortes, imediatamente o emocional começaria a mudar. Temos relatos que em uma semana, uma empregada doméstica arrumou emprego para ganhar 5 (cinco) vezes mais! Empresas que passaram a vender imediatamente. Representantes comerciais receberam ligações do exterior oferecendo representação. Indústrias, restaurantes, padarias, comércios, escolas, imobiliárias etc.

Arquétipos são energias e com energia não se brinca. Assim que um Arquétipo forte for colocado no lugar do fraco, todos que têm contato com ele passam a crescer.

Neurorelacionamentos Afetivos

Nos relacionamentos a questão é a felicidade amorosa e isso mais do que nunca depende de Arquétipos. Todo homem e toda mulher estarão vivenciando determinados Arquétipos. Também estarão rodeados de estímulos positivos ou negativos o que, inevitavelmente, afetará o nível de seus neurotransmissores.

Como é possível um relacionamento feliz, sendo que um dos parceiros é infeliz ou patológico? É claro que é impossível. No entanto, as pessoas ficam tentando consertar o outro, sem perceber que ele está vivenciando um Arquétipo. Somente com a troca deste Arquétipo é que será possível uma real mudança.

Como os dois parceiros podem ser felizes individualmente, para depois serem a dois? Colocando de forma científica, a resposta é que eles devem ter seus níveis de neurotransmissores no estado ideal, pois assim estarão felizes. Isto pode ser feito manipulando-se os símbolos dos Arquétipos requeridos. Também existem ferramentas que fazem automaticamente.

Quando se está conquistando alguém é muito importante avaliar qual o Arquétipo que você está apresentando ao parceiro, e também, qual é o dele. As mesmas considerações feitas no marketing político servem para a conquista e sedução. Usar os Arquétipos sedutores é "tiro e queda". É por isto que se capricha tanto no visual, em perfumes etc., quando se está conquistando. Criada a neuroassociação correta na mente do outro com respeito a nós, não há escapatória.

Como os relacionamentos são quase que exclusivamente emocionais é muito fácil manipular isso. Quando uma das partes é racional fica mais fácil ainda conquistar o outro. Existem inúmeras técnicas de conquista, mas todas elas requerem uma associação bioquímica, que os Arquétipos dão com muito mais facilidade.

Após a conquista é indispensável manter o nível adequado de neurotransmissores em si e no parceiro, para que a felicidade não seja perdida.

Lembre-se que a felicidade é uma questão de bioquímica. É claro que existem outros fatores, porém como já explicado, com a dose certa de endorfina, serotonina, dopamina etc., você será muito feliz, com toda certeza.

A solução de um relacionamento infeliz ou mal terminado é possível com a utilização de um Arquétipo extremamente forte, que anule as neuroassociações anteriores e infelizes. Isto pode ser conseguido em alguns dias e você estará livre para um novo amor.

Em todos os filmes românticos os Arquétipos românticos são utilizados com total sucesso. Basta escolher o ator que já está vivenciando aquele Arquétipo e tudo está fácil. Caso contrário, será muito difícil ou impossível ter lucro. Por exemplo, temos atores que ganham 20 (vinte) milhões de dólares por filme! Isso acontece porque ele já está, praticamente o tempo todo, vivenciando um Arquétipo e nesse caso sua eficiência é total. Ele nem estará mais interpretando, estará vivenciando.

Portanto, quando encontrar um parceiro procure sentir qual é o Arquétipo que ele vive, pois assim você saberá tudo dele antecipadamente! Ter um bom relacionamento não é tão difícil assim, não é? Basta ter um pouco de conhecimento das emoções humanas e como elas se formam.

Neurossexo

Vejam as pesquisas sobre a relação entre sexo e neurotransmissores. Estes são indispensáveis para um ótimo estado emocional e aptidão para o sexo. Com a neuroassociação de um produto a Arquétipos fortes e positivos, os consumidores ficarão com a produção adequada de neurotransmissores e poderão ter relações sexuais plenamente satisfatórias, associando-as ao produto com os Arquétipos fortes e positivos. Além da evidente importância disso em relação aos relacionamentos.

Veja o trabalho da Dra. Emily Singer, sobre a atração sexual e as vogais dos nomes.

Neuroestratégia e Cenários Estratégicos

Este é um campo em que o entendimento dos Arquétipos é extremamente importante, devido ao que está em jogo. Cenários são feitos para empresas e países. Para guerras e conquistas.

Criar o cenário correto é extremamente difícil e valioso. Uma previsão ou projeção errada terá um custo elevadíssimo, dependendo do tamanho do erro cometido. Estamos assistindo justamente isso nestes últimos anos.

Por que se cometem esses erros grosseiros? Porque as pessoas que fazem isto estão ignorando uma regra fundamental na arte da guerra: a lucidez. Pesquise o livro *Da Guerra* - Karl Von Clausewitz. Outra variável é a perseverança e a constância.

A capacidade de analisar, friamente e eficientemente, o cenário provável depende do estado emocional perfeito de um comandante ou analista. É uma questão puramente emocional. Por mais inteligente e racional que seja, o estrategista tem de estar, emocionalmente, centrado para avaliar toda a situação.

Clausewitz analisa, extensivamente, essa necessidade de objetividade e clareza mental. A quantidade de variáveis a serem analisadas é gigantesca. É praticamente impossível, para um ser humano “normal”, fazê-lo. Por essa razão, são poucos os generais que ficaram para a história. Eram gênios da análise, do pensamento analítico.

Como podemos conseguir um pouco desta capacidade total de análise? Como o marketing pode ajudar nisso?

Por tudo que já dissemos sobre os Arquétipos e neurotransmissores, o leitor já deve ter em mente que eles são extremamente importantes para as empresas e países. Um executivo ou general, vivenciando um Arquétipo poderoso estará, inevitavelmente, com o nível de dopamina no auge. Igualmente para o caso de serotonina e endorfinas. Isto estando resolvido, o problema estará praticamente solucionado, porque só assim a mente humana estará livre para pensar analiticamente. Sem emoções negativas e perturbadoras.

É o ideal mostrado na série *Star Trek*, pelo personagem Mr. Spock, o Vulcano. Suas análises eram preciosas, porque estavam destituídas de emoção. Permanecia centrado o tempo todo. É a mesma coisa que Sun Tzu diz no seu livro *A Arte da Guerra*. O segredo é o autocontrole total. Toda pessoa que consegue isto está usando um Arquétipo extremamente forte e poderoso. Como os guerreiros samurais. A espada samurai e a vestimenta deles são exemplos perfeitos de poder e força.

Antes de se fazer qualquer avaliação de cenários, é indispensável que o analista esteja perfeitamente integrado em seu Arquétipo, e com o nível ideal de neurotransmissores. Nesse caso ele poderá fazer análises corretas, caso contrário será pura perda de tempo, dinheiro e vidas.

O leitor pode verificar pelas previsões econômicas publicadas e que depois não se realizam, como são falíveis essas previsões. Seguidamente todos erram e logicamente arrumam inúmeras desculpas para justificar. A Bolsa cai e ninguém conseguiu prever isso. Uma empresa quebra e ninguém previu. O petróleo sobe e desce... Guerras começam e não terminam. O que parecia fácil e era divulgado como fácil, passa a ser extremamente difícil. Tudo isso acontece porque os analistas não estão de posse total do controle de suas emoções. Eles são tão emocionais quanto o investidor que coloca suas economias nas mãos deles.

Relembrando: sem o nível adequado de dopamina e serotonina, nenhum ser humano poderá fazer análises confiáveis.

Acredito que ficou claro por tudo que já foi dito, que usar a ferramenta certa e o Arquétipo certo é indispensável para desenhar cenários estratégicos de qualquer espécie.

Imobiliárias e Empreendimentos Imobiliários

Ter o cenário estratégico correto para o lançamento de um empreendimento imobiliário é de extrema importância. Quantos projetos fracassam por falta de previsão correta do mercado! Todo empreendimento está debaixo de uma situação de mercado ou de um Arquétipo. Por mais abstrato que seja um assunto, isso não deve impedir o empresário de usar este conhecimento em seus negócios. Saber com antecedência se o empreendimento será um sucesso, se terá problemas ou se fracassará, é de valor inestimável. Quantos imóveis estão à venda dependendo de questões arquetípicas para a concretização da venda?

Lembre-se de que tudo envolve pessoas. Compradores e vendedores. Tudo é psicologia. Tudo é marketing. Tudo é Arquétipo. Tudo tem um fundo mitológico.

Este não é um livro de mitologia, é um livro de vendas, como já expliquei. O poder de um pensamento depende do seu nível de abstração.

Por exemplo: um servente de pedreiro e um engenheiro civil. Quem é mais poderoso? Qual o nível de pensamento abstrato que um servente de pedreiro tem? Qual o nível de um engenheiro?

Deu para entender que quanto mais abstrato, mais poderoso é o pensamento? Por isso a física é a mãe de todas as ciências. Quem sabe fazer uma Bomba de Hidrogênio?

Estou ressaltando isso, porque o assunto Arquétipos e Mitologia é muito abstrato para a maioria das pessoas, mas isso não invalida o seu poder de ação. O importante para o empresário é que essa abordagem vende, resolve problemas, antecipa lucros e prejuízos etc.

A questão de venda de imóveis, sejam quais forem, depende do Arquétipo que está sendo usado na venda e propaganda do mesmo. Trocado o Arquétipo o imóvel será vendido. Temos vários exemplos disto. O imóvel está associado a determinado Arquétipo ou energia, e isso é o problema. Quando falo energia, estou falando do ponto de vista da Física Quântica. Tudo é energia, sendo manifestada como partícula ou onda. Portanto, estamos falando de algo bem real quanto ao seu imóvel. Ele é composto de átomos.

Os Arquétipos polarizam qualquer coisa de forma positiva ou negativa. É como eletricidade, tem dois polos. Existem várias maneiras de explicar algo ou um fenômeno. O dono do imóvel ou a própria imobiliária, usando um determinado Arquétipo (sabendo disto ou não), polarizou o imóvel com uma carga positiva ou negativa. Para facilitar a venda é preciso mudar a polarização ou mudar o Arquétipo, tanto faz a terminologia. O importante é que funciona.

O leitor dono de imobiliária ou corretor de imóveis deve estar achando incompreensível esta explicação e lhe dou razão. Agora, se eu dissesse que mudando a energia do local é possível vender qualquer coisa, o leitor acreditaria?

É para aqueles que não acreditam que preciso explicar tudo isso acima e o restante do livro. O importante é que os resultados aparecem. Não é isso que importa? Vender e receber sua comissão? Vendedores devem ser pessoas práticas, caso contrário terão de mudar de profissão.

Esportes

Todos os esportes podem ser otimizados com o uso de Arquétipos pelos seus praticantes. Não existe limite. Só depende do atleta e de seus técnicos. Já são utilizadas técnicas mentais e de visualização em vários esportes, mas a parte emocional ainda pode ser muito melhorada. Como os Arquétipos são "imagens afetivas", eles induzem a uma performance superior, sempre que forem devidamente utilizados. Este é um conhecimento que vale ouro realmente.

Futebol

Escrevi futebol, mas quero dizer todos os esportes. No esporte de competição é onde os neurotransmissores são mais importantes. Toda a competição está na dependência do emocional dos jogadores. Jogadores experientes, de anos de profissão, tremem antes de entrarem em campo, por estarem com os níveis de dopamina baixos.

Até hoje no esporte profissional os Arquétipos não são utilizados. E quando o são, é de forma muito fraca. Vi pessoalmente casos onde a direção da instituição mandou apagar um tigre pintado na parede do quarto de lutadores de judô! Eu pergunto ao leitor: é para competir ou não? O time entra em campo para vencer ou não? Vai-se a Olimpíada para vencer ou não?

Para ser realmente competitivo é necessário usar Arquétipos extremamente fortes e poderosos.

Existem ferramentas extremamente poderosas de se induzir um estado elevadíssimo de preparação mental e emocional no atleta. E isso sem usar nada antinatural, nenhum *dopping*, nada anormal. Usando-se simplesmente o que a natureza já nos forneceu: Arquétipos. Os gregos eram mestres nisso. Não é por acaso que as Olimpíadas nasceram na Grécia.

Porém, o conhecimento dos gregos de 2400 anos atrás, ainda, não foi resgatado pela humanidade de hoje. Até hoje, não são utilizados os conhecimentos que eram comuns naqueles dias. Imaginem a que ponto o esporte chegaria com o uso correto dos Arquétipos!

Segundo dados divulgados na copa do mundo de 2002, o futebol mundial gira em torno de 250 bilhões de dólares por ano! Com todo este capital em jogo, o conhecimento e a tecnologia, explicada aqui, ainda, não são utilizados. Estou dizendo isso, porque já é tempo de elevarmos o esporte a um novo patamar de eficiência e realização.

Resumindo, tudo que o atleta vê e ouve influencia no seu mental e emocional, por intermédio do nível de seus neurotransmissores. Existem outras influências que os Arquétipos provocam, mas para provar cientificamente o que digo é preciso falar de neurotransmissores, pois podem ser medidos.

Desta forma, toda a decoração do clube, da concentração, o som ambiente e outras ferramentas devem ser controlados pelo técnico e comissão técnica.

Atualmente, vejo as notícias de times milionários querendo controlar a vida extra clube do jogador, pois o seu rendimento em campo é fraco. Justamente nesses jogadores que valem fortunas é que seria necessário aplicar os Arquétipos, para manter o investimento rentável.

Por outro lado, é possível aplicar um Arquétipo em um jogador iniciante e transformá-lo, rapidamente, em um grande jogador e vendê-lo com muito lucro para todos. É possível formar grandes equipes e craques com muito pouco investimento, tendo enorme lucratividade. O passe do jogador vale de acordo com o Arquétipo que ele estiver vivenciando. O time inteiro será competitivo dependendo do Arquétipo que estiver sendo vivenciado pelo grupo. Tudo está à disposição, mas depende de se entender o que são Arquétipos.

Boxe

Quanto mais competitivo o esporte, mais influência têm os neurotransmissores. São eles que dão a força mental e emocional para competir. Como são produtos naturais do cérebro, sua eficiência pode ser facilmente comprovada. O uso de um Arquétipo forte e positivo teria um efeito tremendo sobre um lutador. É possível criar vários campeões com esta tecnologia.

Automobilismo

À medida que chegamos perto dos extremos do potencial humano é onde veremos mais facilmente, o efeito arquetípico em ação. Um piloto precisa de milésimos de segundo para fazer a diferença. Essa diferença é o que podemos ter com o acréscimo de um Arquétipo poderoso em nossa vida. Um pouco mais de neurotransmissores faz a diferença entre um campeão e os demais. Tudo pode ser ativado e melhorado no atleta com o uso destas ferramentas. O potencial humano é enorme e pode ser utilizado num nível ainda não atingido.

Estética

Institutos de beleza são locais excelentes para uso de Arquétipos fortes e positivos, sem causarem nenhuma percepção racional do que está acontecendo. Nestes lugares é comum o uso de quadros e pinturas. Deve-se utilizar os Arquétipos corretos para atingir o estado mental e emocional desejado nos clientes. Também é possível o uso de aromas arquetípicos, que são percebidos diretamente pelos sistemas cerebrais ligados à emoção. Sendo assim, é muito fácil conseguir o sucesso e a prosperidade destas empresas.

Marketing Pessoal

O valor de um profissional depende da imagem que ele transmite aos demais e que os demais conseguem perceber nele. Isto já diz tudo a respeito da importância de viver um Arquétipo.

Os demais sentem no nível inconsciente o seu Arquétipo e, sendo ele forte e poderoso seu valor será enorme. Todas as demais técnicas dependem da questão inconsciente, que só pode ser atingida com ferramentas no nível inconsciente. Somente no nível arquetípico o seu poder total será completamente aproveitado e utilizado. Isso depende totalmente do nível de dopamina, serotonina, endorfinas etc.

Usando-se o Arquétipo correto, todas as demais técnicas mentais, apresentação, vestuário, oratória etc., poderão ser usadas ao máximo. Por exemplo: como colocar a capacidade de oratória em alguém que está vivenciando um Arquétipo fraco, inseguro, tímido etc.?

É necessário trabalhar na base, no inconsciente, para termos resultados eficazes. Portanto, é necessário trocar o Arquétipo da pessoa para que os resultados apareçam. É inevitável.

Televisões e Rádios

Para se elevar o nível de audiência de um programa é necessário trocar a decoração do estúdio, colocando-se Arquétipos fortes e poderosos, de acordo com o nível de audiência que se quer obter. Não existe limite, tudo é possível. Basta determinar qual é a audiência desejada para o programa, e colocar no ar os Arquétipos determinados para este resultado.

Como já explicamos, o consumidor reage de acordo com suas neuroassociações, isto é, com o nível de neurotransmissores associados à determinada emissora, programa, apresentador, decoração, assunto etc. Manipulando o estímulo podemos regular a quantidade de neurotransmissores que os espectadores têm. Caso eles se sintam bem, alegres, felizes, fortes, vendo determinado programa, eles continuarão vendo e atrairão novos expectadores. Evidentemente que pode ser feito em todos os sentidos.

Já estou dizendo isso, antes que o leitor comece a pensar em casos negativos que dão muita audiência. Considero que já ficou explicado anteriormente.

Nosso objetivo é aumentar a prosperidade de todos, por essa razão, estou explicando como aumentar de forma positiva. Aumentar a audiência de forma negativa é perfeitamente possível, usando-se os Arquétipos negativos que, inevitavelmente, dão muita audiência como foi explicado na parte do cinema.

Deve-se dar especial atenção ao som, pois o som provoca ressonâncias em tudo à sua volta. Usando-se sons arquetípicos poderosos está garantido o resultado positivo. Existem músicas, assuntos, temas e outras formas arquetípicas sonoras que garantem o sucesso de qualquer programação.

Temos o caso de uma rádio que usou um tema musical épico, para atingir o primeiro lugar em audiência e logo depois retirou o tema do ar, pois já tinha atingido o que queria. Caso o tema continuasse no ar, o ouvinte desta rádio é que cresceria sem parar.

Entenderam como funciona a coisa? Tudo é possível com Arquétipos.

Artistas

Para o caso de atrizes, dançarinas e as artes em geral, esse assunto é do maior interesse. Pois se trata da aplicação do inconsciente para divulgar o artista. A arte já é fruto do sentimento, da sensibilidade do artista, portanto, algo que sai do seu inconsciente. Desta maneira é muito fácil para o artista usar os Arquétipos no seu trabalho, pois já está em contato com eles normalmente. O artista tem um canal aberto com o inconsciente, pois é de lá que vem sua arte. Vejam o caso de Mozart, por exemplo.

Um artista que seja bem orientado no uso de Arquétipos, no seu marketing pessoal, com certeza atingirá o estrelato em pouco tempo. Veja os atores que protagonizam temas épicos. Tornam-se *superstars* da noite para o dia. Basta usar o tema do Herói para se tornar *superstar*.

Apenas é preciso tomar alguns cuidados quando se mexe com Arquétipos, por exemplo, o ator Brad Pitt, no filme: *Tróia*, faz o papel de Aquiles e durante as filmagens teve problemas no Tendão de Aquiles! Deu para entender? É impossível encarnar um Arquétipo e não ter os resultados que ele tem. O sucesso é garantido em qualquer utilização de Arquétipos, para o bem ou para o mal.

Considerando o explicado, não há problema para crescer em qualquer carreira. Se há problema é por falta de orientação adequada na questão arquetípica.

Música

Toda música provoca uma ressonância à sua volta, atraindo, imediatamente, a vibração correspondente a ela. Existem sons arquetípicos que produzem alegria, felicidade, crescimento, prosperidade, saúde etc. Outros produzem resultados negativos, como depressão, tristeza, desemprego, pobreza, suicídio, doença etc. Tudo isso pela reação provocada pelo som que ativou ou não a produção dos neurotransmissores.

Lembre-se de que todo Arquétipo é uma imagem afetiva, isto é, produz sentimentos e emoções. Logo, ele é positivo ou negativo, forte ou fraco. Não há como escapar disso. Não existe Arquétipo neutro. Veja o livro *Nada Brahma* de Joachim-Ernst Berendt, sobre a música e o Universo da consciência.

É preciso o máximo de cuidado com o som ambiente em casa e no trabalho. Todo som ambiente dos shoppings deveria ser cuidado com a máxima atenção, mas não é assim que acontece. Os lojistas estão perdendo vendas com as músicas negativas que os consumidores estão ouvindo.

Podemos criar a reação emocional exata que queremos, dependendo da música que ouvimos. O som é talvez a mais poderosa forma de energia, pois tudo emite som e vibração. E vibrações atraem vibrações semelhantes.

Da mesma forma que conhecemos a pessoa pelos Arquétipos de sua decoração, as conhecemos pelos Arquétipos musicais.

Os gregos sabiam que existem dois tipos de Amor: Eros e Ágape. A música comercial tocada nas rádios comerciais, em sua quase totalidade, é baseada somente em Eros. Quanto mais Libido houver na música, mas ela venderá.

A produtividade do ambiente de trabalho depende de que som é ouvido. Seu marketing e suas vendas também.

Empreendimentos da noite

Este é outro tipo de empreendimento que deve cuidar com desvelo da decoração. O uso correto dos Arquétipos provocará a devida sensação e emoção nos clientes. Todos os sentidos podem ser ativados e comandados para o resultado que se quer. É tudo uma questão de bioquímica cerebral. Dado o estímulo é inevitável a resposta. Sabe-se que se o cliente obtiver a resposta bioquímica que deseja, o resto é irrelevante. O sucesso está garantido.

Decoração de ambientes

Toda decoração envolve a questão dos Arquétipos. O uso de Arquétipos fracos ou negativos, sob a forma de quadros, estátuas, posters etc., inevitavelmente, trará fraqueza para a vida da pessoa.

O Arquétipo induz uma resposta coerente com a sua essência. Pessoas que usam Arquétipos fracos terão resultados fracos em suas vidas. Pessoas que usam Arquétipos fortes e positivos terão resultados fortes e positivos. Isso é inevitável. Isto é Marketing Pessoal.

A decoração de uma casa mostra bem a questão da escala de prioridades de Maslow. A pessoa quer mostrar aos demais que está subindo na vida. Como já explicado em Vendas, é possível vender móveis caros para pessoas pobres ou de classe média por esta razão. Atente-se para o formato dos móveis e que neurotransmissores eles induzem. Todo símbolo induz.

Quando uma pessoa olha a sua decoração ela já sabe quem você é emocionalmente. Porque a sua decoração induz uma resposta bioquímica. Você passa a ter ou não os neurotransmissores necessários, dependendo da decoração que usa.

Avalie pelos seus conhecidos e amigos. Qual a decoração da casa deles e como é a vida deles? Usam estátuas e quadros de símbolos fracos ou negativos? E quantas pessoas você conhece que usam símbolos fortes e positivos? Você pode conhecer a pessoa sabendo que símbolos ela usa.

Em virtude disso, é muito importante ter cuidado com a decoração de sua casa e de seu escritório. Aconselho retirar toda a decoração fraca e negativa e substituí-la pela forte e positiva. Veja qual a simbologia que os pobres usam e qual a dos ricos. Não é uma questão de material, se é de ouro, prata ou qualquer metal precioso. A questão é o símbolo em si. O Arquétipo que está sendo usado está atraindo energia coerente com o mesmo para o usuário. O usuário inevitavelmente encarnará o Arquétipo, mais cedo ou mais tarde.

Veja a decoração dos usuários de drogas e você entenderá o que estou dizendo. Só existem consumidores de drogas, porque faltam a eles os neurotransmissores necessários à alegria e bem-estar. Portanto, para resolver esse problema também, é preciso tratar com os Arquétipos corretos.

Escolas e Cursinhos para Vestibular

Para os estudantes que querem o máximo de utilização de seu potencial, o marketing também tem algo a contribuir. Já explicamos que a pessoa está vivenciando um determinado Arquétipo na sua vida. Nessa situação ela está tendo determinado resultado e isso fazendo o máximo de esforço.

Estou falando do caso de uma pessoa que não consegue a aprovação nos exames vestibulares ou em qualquer outro concurso. Para resolver isso precisamos mexer no Arquétipo que está sendo usado. Adotando-se outro a produtividade aumentará exponencialmente. Isso vale tanto para a parte mental como emocional.

Como esse assunto está na fronteira da ciência, até hoje não foi utilizado pelas escolas e cursinhos. Fica, portanto, a cargo dos pais dos alunos a decisão de implementar novas técnicas para aumentar a competitividade dos seus filhos.

As possibilidades nessa área também são infinitas. É preciso apenas ter a mente aberta para as novas descobertas da ciência. Por definição o cientista deveria ter mente aberta para as novas descobertas, mas na realidade existe uma resistência enorme ao novo. É como se fosse uma religião, um dogma. Quantos cientistas foram condenados ao ostracismo em vida porque ousaram mostrar ou descobrir coisas que invalidavam o conhecimento aceito em sua época?

Tenho certeza pela minha experiência que são poucos os pais que teriam abertura de mente suficiente para entender o que estou explicando aqui, e aplicá-lo em seus filhos. Mas, para aqueles que não têm medo do desconhecido não existe limite de crescimento.

Bancos

Quantos bancos no Brasil já quebraram depois de mudarem suas propagandas para usarem Arquétipos fracos? Vários. Não darei nomes porque não é necessário. O leitor atento já deve ter em mente alguns exemplos disto. Conhecimento é poder. Aqui estamos tratando exatamente disto. É preciso ter alguns cuidados quando se difunde determinado conhecimento.

O escritor Tom Clancy, no seu livro *A soma de todos os medos*, descreve como se construir uma bomba atômica e, no final do livro ele explica que alterou a física explicada para evitar que esse conhecimento fosse usado por pessoas erradas. É exatamente do que estou tratando aqui. Esse conhecimento é, extremamente, poderoso e para bom entendedor "meia palavra" basta.

Para os bancos é extremamente importante ter um cenário estratégico correto. Qualquer má avaliação da conjuntura econômica pode ter graves consequências para a instituição. Vejam quantas advertências o Federal Reserve está fazendo e como essas advertências estão sendo tratadas.

Já disse que para fazer análises corretas é preciso ter o nível correto de neurotransmissores e isso depende de Arquétipos. É indispensável para ter um raciocínio claro e analítico. Um simples problema emocional particular pode invalidar toda uma análise de probabilidade de cenário.

E no caso destes cenários "cor de rosa" que vemos todos os dias publicados? Veja a realidade do noticiário e compare com as previsões "cor de rosa". Isso se chama "visão romântica da vida", para dizer o menos.

O leitor colocaria seus investimentos nas mãos de pessoas com essa visão de mundo? Quem está cuidando dos seus investimentos tem total controle emocional para tomar as decisões corretas de compra e venda?

Depois que o "leite estiver derramado" não adianta chorar...

Empresas e Empresários

O mesmo vale para as empresas. A decisão está nas mãos de executivos que precisam ter total autocontrole emocional. Isso só se avalia corretamente quando os problemas aparecem e, aí, já é tarde demais. Qualquer sinal de instabilidade emocional é um alerta que precisa ser cuidado o quanto antes. Nossa Era é a da instabilidade. Nada é certo para amanhã.

Como navegar em um mar de ondas de 30 (trinta) metros? Enfiar a cabeça na areia e fingir que não existe o problema não é a solução. Nunca houve tanta concorrência e turbulência como agora e isso aumentará nos próximos tempos.

Agora, a "novidade" é que um gigante comercial precisará "aterrizar" e não sabem se fará de forma leve ou pesada. Estão vendo como as notícias aparecem do nada e aí o problema vira moda? As medidas de prevenção deveriam ter sido adotadas antes. Agora já é quase tarde demais.

É isso que estou explicando quando falo de análises feitas sem controle emocional. Julgar ou achar que tudo dará certo porque queremos que seja assim é algo infantil. Como confiar em um cenário feito com esta emoção e sentimento? Dez minutos antes do *Titanic* bater no iceberg, tudo estava bem!

Quando se projeta um determinado cenário estratégico é comum ter uma visão "cor de rosa" dos resultados do empreendimento. Para ter uma visão equilibrada é preciso que o analista esteja equilibrado. Por incrível que pareça é uma questão emocional. A pessoa não tem como fugir desta situação. Vejam bem as projeções e os resultados. É preciso ter o equilíbrio ideal para se chegar o mais perto possível da realidade.

Existem situações arquetípicas que se não forem identificadas, serão desastrosas para a empresa e seus empresários. Isto tudo pode ser identificado por uma análise arquetípica. Somente com uma abordagem arquetípica será encontrada uma solução para um problema arquetípico. Não adianta tapar o sol com a peneira. Quando se tem pneumonia não adiante tomar remédio para dor de cabeça! Parece óbvio, não? Mas, quantos empresários agem racionalmente? Pense nisso.

Salas de negociação

Com a definição da decoração do ambiente, mesa, cadeiras, som, aroma etc., de forma a usar determinados Arquétipos, podemos induzir um resultado na negociação para o sucesso ou não. E as pessoas nem perceberão o que aconteceu.

É possível controlar todas as emoções durante a reunião, para que não fuja ao nosso controle. É por esta razão, que os países levam até seis meses para definir o formato da mesa e a composição das cadeiras. Prestem atenção nas negociações diplomáticas e isso ficará claro. Tudo é calculado para se conseguir um resultado positivo ou negativo.

Nada acontece por acaso. Quando se invoca um determinado Arquétipo o resultado é inevitável. Não existe margem de erro nisso. É ciência.

Treinamento de funcionários

Escolher funcionários que usam Arquétipos fraquíssimos é uma receita certa para o fracasso da empresa. Como competir nesta Era tendo funcionários sem força?

Isso parece óbvio, mas não é o que acontece na prática. Principalmente na equipe de vendas é fundamental. É possível montar uma superequipe de vendas, composta de Machos Alpha e mantê-los trabalhando pela empresa. Basta que o gerente seja, também, um Macho Alpha. Quando isso não acontece, o gerente escolherá vendedores mais fracos do que ele e prejudicará toda a empresa. Já vimos *n* casos como este.

Na América existem empresas de bilhões de dólares que aplicam este conceito com total sucesso. A eficiência dos vendedores depende, totalmente, do equilíbrio ótimo entre os neurotransmissores: dopamina, serotonina, endorfina e gaba. Quando estes estão balanceados o vendedor é capaz de enfrentar qualquer cliente, rejeição e fazer mais e mais visitas.

Vendedores são importantíssimos para a empresa, mas o que dizer das recepcionistas e telefonistas? Elas são o primeiro contato da empresa com o mercado. Só no atender ao telefone o cliente já sente como é aquela empresa. Uma secretária, recepcionista ou telefonista que depende de seu relacionamento afetivo para ser produtiva ou não, é um problema para a empresa. Esse problema pode ser facilmente resolvido usando-se Arquétipos fortes. A empresa não pode depender dos altos e baixos emocionais de suas funcionárias e funcionários.

Seleção de funcionários

Já ficou mais do que comprovado que os funcionários executivos denominados: Macho Alpha são os mais rentáveis para a empresa. Estes executivos são caracterizados por sua ambição, competitividade e domínio territorial. Essas são características de determinados Arquétipos e podem ser implantadas e potencializadas nos candidatos. É preciso saber de antemão quem é o candidato como Arquétipo. Estabelecer o seu perfil psicológico no âmbito de inconsciente profundo. Assim, não haverá erro na contratação.

Voltamos a insistir que: selecionar funcionários fracos levará a empresa à falência. Os concorrentes não estão para brincadeira e o mundo dos negócios não é um parque de diversões.

Por exemplo, conhecemos um manual usado pelos compradores de uma determinada empresa, que ensina como "triturar" os vendedores do fornecedor. Como esses vendedores, que podem ser os seus vendedores, poderão se defender e competir com tais compradores? Somente pessoas preparadas emocionalmente para a competição nesse nível, poderão sair vencedores. Isto depende vitalmente do nível de dopamina.

Todo o nosso comportamento está regulado bioquimicamente por esses neurotransmissores. Isso é capacidade cerebral. Pode ser implantado e controlado na medida em que se quiser.

Secretárias

Secretárias estão na dependência do emocional do chefe. Se o chefe é instável emocionalmente a secretária está em apuros. Como mulher ela já está ao sabor dos níveis hormonais durante o mês, que podem ser exacerbados pelo stress diário.

Como administrar isso? Por meio do controle dos níveis de neurotransmissores, principalmente serotonina e endorfinas. Usando-se as ferramentas e Arquétipos convenientes, isto estará resolvido e o chefe ficará muito mais contente com o desempenho da secretária. Imediatamente, ela estará em um nível de controle emocional superior. Além de ser muito mais competitiva dentro da empresa.

Para o chefe que deseja eficiência, não há mais que este caminho: orientar sua secretária a utilizar os Arquétipos fortes e positivos.

Acidentes de trabalho

Este item afeta a imagem da sua empresa e, portanto, merece atenção.

Conhecemos um caso que a empresa de 4 (quatro) mil funcionários, tinha ocorrências diárias de acidentes. Iniciado trabalho em nível emocional e identificados os funcionários suicidas. O número de acidentes caiu para zero durante 68 (sessenta e oito) dias. Após isso, o trabalho foi suspenso e os acidentes voltaram.

Este é um exemplo cabal de que é possível resolver esse problema e minimizá-lo ao máximo. Basta implantar uma metodologia arquetípica que determine a elevação do nível do instinto de vida e diminua o nível do instinto de morte dos funcionários.

Estes são Arquétipos que podem ser manipulados no ambiente de trabalho de várias formas e com várias ferramentas.

Os acidentes de trabalho estão, diretamente, relacionados aos níveis de neurotransmissores: dopamina, serotonina, endorfina e gaba.

Oratória

Esta é uma habilidade crucial para quem quer galgar altos postos em qualquer área.

O dom da oratória é um Arquétipo que pode ser implantado na pessoa. E pode ser melhorado em quem já tem o dom naturalmente. Quantos executivos, políticos, pastores etc., são deficientes em oratória? Este é um problema no nível do inconsciente, e só, aí, poderá ser resolvido.

Os Arquétipos são ferramentas poderosas, porque aumentam o poder pessoal, empresarial ou nacional de forma instantânea.

Arquétipos não demoram a agir. Imediatamente você sentirá seus efeitos, pois eles induzirão a produção dos neurotransmissores em milésimos de segundo. E farão de forma contínua, enquanto estiverem sendo trabalhados por você.

Quando a pessoa precisar depor na delegacia, na defesa de tese, em uma comissão parlamentar de inquérito etc., ela precisará de toda preparação mental e emocional possível. Existem ferramentas que tornam isso possível.

Significa que qualquer pessoa pode desenvolver um patamar excelente de oratória. Apenas com o uso de determinados Arquétipos. Com eles nada é impossível.

Advogados

Para os advogados os Arquétipos são de extrema importância. Uma excelente defesa do seu cliente depende de quais Arquétipos o advogado está vivenciando e o seu cliente também.

Por exemplo, o depoimento na delegacia, no júri popular, na comissão parlamentar de inquérito etc., a preparação mental e emocional do cliente é crucial. Todo o trabalho do advogado pode ser perdido no caso de uma resposta errada do cliente, devido a uma falha de controle emocional. É preciso estar preparado no que diz respeito ao inconsciente. Isso só com ferramentas especiais é possível fazer.

Não preciso citar nomes já que são de ampla divulgação na mídia, mas ministros de estado de países do primeiro mundo, quando vão depor em alguma comissão, são preparados por especialistas antes de seu depoimento. Nada é deixado ao acaso ou espontaneamente.

No caso de jurados é tomado o mesmo cuidado. Caso o jurado esteja com determinado Arquétipo, ele antecipadamente já tomou uma decisão, independentemente do que ouvirá no julgamento. Por exemplo: Orestes, Arquétipo com rígido senso de dever. Identificar esses jurados é indispensável. Já fui jurado e pude testemunhar o que estou relatando. Este é o trabalho de um consultor de júri.

Existem ferramentas que permitem total controle emocional em qualquer circunstância. Sem necessidade de nenhum controle adicional do usuário, considerando que elas trabalham no inconsciente e funcionam automaticamente. Portanto, ter uma ferramenta desta é de valor inestimável para o advogado.

A mente de uma pessoa sob pressão pode ser muito traiçoeira. Programas mentais são extremamente poderosos e fáceis de implantar. Qualquer lapso pode pôr tudo a perder. Vejamos alguns exemplos:

A) Um condenado à morte concordou em participar de uma experiência, já que estava condenado mesmo. Em vez de ser executado por outro meio qualquer, ele teria os pulsos cortados e sangraria até a morte. Vendaram seus olhos, colocaram um balde embaixo dos seus pulsos, passaram um metal pela pele (que não cortou seus pulsos) e deixavam cair gotas de água nos pulsos e escorrerem pelo balde. Depois de certo tempo ele estava morto! Sem perder uma gota de sangue! O que a mente acredita ela realiza! Imagine o que um Arquétipo pode fazer com sua mente!

B) Uma pessoa ficou presa em um vagão refrigerado e entrou em pânico. Ninguém conseguiu ouvi-lo e ele escreveu uma frase de despedida aos parentes. No dia seguinte foi encontrado morto, mas a refrigeração estava desligada e havia circulação de ar no vagão! Ele morreu porque acreditava que morreria!

C) Pessoas que recebem uma sugestão de que um pedaço de qualquer material leve é super pesado, não conseguem levantá-lo de forma alguma.

D) Se você disser para uma pessoa ter cuidado para não tropeçar ou gaguejar em determinada situação, pode ter certeza de que acontecerá justamente isto.

Existem inúmeras maneiras de colocar um programa negativo em alguém. Pôr um programa positivo, que não precise do esforço pessoal do usuário é a questão. Esta ferramenta existe.

Habilidades Humanas

É possível aumentar as habilidades humanas com o uso de Arquétipos específicos. Qualquer habilidade pode ser melhorada consideravelmente, estimulando-se o inconsciente a agir. Não existe limite para isso, dependendo apenas da vontade pessoal em progredir. Qualquer área de atuação pode ser melhorada substancialmente.

Associações Comerciais

Acreditamos que a prosperidade de seus membros seja do interesse da associação. Este conhecimento é essencial para a prosperidade do nosso país. O problema do desemprego seria rapidamente resolvido se todos soubessem como crescer.

Existe um enorme mercado externo a ser conquistado. Basta que os empresários usem os Arquétipos de prosperidade e crescimento.

Os países líderes do mundo já os usam com total sucesso. Só que os Arquétipos não são propriedade de ninguém. Todos podem usar. Aquele que for mais determinado na sua aplicação terá mais resultados.

Portanto, este conhecimento está à disposição das associações comerciais e sindicatos patronais, para que todos tenham a oportunidade de crescer o que quiserem. Isso não aconteceu, ainda, porque não quiseram utilizar este conhecimento. Não é por falta de conhecimento que existe crise e desemprego. É por falta de aplicação do mesmo.

Temos inúmeros exemplos de clientes que cresceram, imediatamente, ao usar os Arquétipos. O que existe é autossabotagem. Este é o maior problema. As pessoas recusam a usar os Arquétipos porque sabem que o que está descrito aqui funciona, e se tiverem os neurotransmissores na medida certa terão de crescer, queiram ou não!

Terceiro Setor

O problema deste setor é usar o Arquétipo errado. Em vez do Arquétipo da ajuda, o que precisam é do Arquétipo de fazer acontecer.

Bastaria uma simples mudança de atitude para tudo estar resolvido. Agora os problemas do setor estão maiores ainda, e está chegando a hora em que terão de tomar decisões cruciais.

É preciso sair do pensamento de pedir ajuda e implantar o pensamento positivo de ação. É preciso ter a mentalidade empresarial para resolver.

Essa postura de carência faz com que haja perda de neurotransmissores e agrava o problema. Invertendo-se a postura e usando-se os Arquétipos fortes e poderosos, imediatamente, seriam atraídos os recursos e condições necessários.

As agências de publicidade já detectaram um enorme potencial de faturamento para este setor, mas a questão é mudar a forma de pensar. O que está descrito neste livro resolveria prontamente.

Telemarketing

Este tipo de empresa depende do estado emocional de seus operadores para ter sucesso. Operadoras vivenciando Arquétipos fracos são ineficientes em vender. Pela voz o cliente já percebe que algo está errado com aquela pessoa. A fraqueza do Arquétipo é transmitida pela voz. É necessário treinamento especial, em termos de Arquétipos, para que as operadoras usem a capacidade de seu inconsciente na venda dos produtos.

O estado emocional é fruto do nível de neurotransmissores e pode ser controlado nas operadoras. É preciso ressaltar que elas trabalham com nível alto de rejeição. Isso é extremamente negativo em termos de níveis de neurotransmissores, ou seja, o próprio trabalho já é um problema em si, para manter o nível alto. Por esta razão, esses funcionários precisariam de mais atenção ainda.

Sindicatos de Trabalhadores

Os sindicatos poderiam contribuir muito mais com o desenvolvimento de seus afiliados, transmitindo a eles o conhecimento de como é possível crescer e prosperar. Seria muito mais útil e eficiente. Caso os empresários não queiram crescer, bastaria o sindicato passar o conhecimento e os próprios trabalhadores seriam empreendedores, e o desemprego estaria resolvido.

Como sempre, basta trocar de Arquétipo e os resultados aparecerão imediatamente. Como em tudo na vida, não existe almoço grátis. É preciso pagar o preço do crescimento. É um problema parecido com o do terceiro setor.

Não existe maior número de empreendedores porque as pessoas não sabem como podem ter sucesso nos seus empreendimentos. É preciso uma abordagem do inconsciente e arquetípico. A partir da presença dos neurotransmissores certos o crescimento é inevitável.

Este conhecimento está à disposição dos sindicatos, como sempre esteve à disposição das associações comerciais.

Associações de Empresários

As associações de todo tipo podem beneficiar seus membros, com a difusão deste conhecimento. Isso permitiria o crescimento de todos os seus membros e a geração de enorme riqueza para todos.

Os problemas podem ser resolvidos, mas é preciso mudar de atitude, de Arquétipo e de estado emocional. No ser humano tudo é praticamente emocional. Quando isto está mal, nada pode ser resolvido.

Simbologia é a chave do crescimento e da prosperidade. Logotipo, marca, símbolos, Arquétipos, tratam da mesma coisa.

Todas as sociedades usaram símbolos para crescerem. Todos os impérios fizeram e fazem assim. Não é uma questão de não saber o que fazer.

Todos os problemas podem ser resolvidos e o leitor pode crescer imediatamente, independentemente do mercado, pois poucos usam esse conhecimento no mercado. Quem sair na frente leva vantagem enorme.

Símbolos geram sentimentos, que são produto de reações bioquímicas no cérebro. É tudo Ciência. Não existe variável oculta. Usado o símbolo correto é inevitável o crescimento. É só questão que fazer.

Países

O marketing de países também deveria utilizar o conhecimento dos Arquétipos, pois é extremamente poderoso. Aqui já estamos na área da estratégia. O que me vem à mente neste momento é por exemplo, o problema sobre os prisioneiros do Iraque e o tratamento que receberam. Todo esforço imenso de diplomacia pode ser perdido, pelo motivo que não se avaliou o Arquétipo envolvido em determinadas pessoas.

Estudo realizado há décadas atrás em psicologia, detectou que, aproximadamente, 65% das pessoas podem usar de tortura contra outro ser humano. Ora, se fizermos uma análise nas pessoas que estão envolvidas com presos será fácil detectar a presença dos Arquétipos: Torturador e Estuprador. Não existe nenhum mistério. Há décadas isso já foi estudado.

Portanto, o problema não é resolvido por outros motivos e não por falta de conhecimento. Usando a terminologia dos interrogadores, quando você "quebra" um preso, você muda o Arquétipo dele. Sem saber você esta invocando um outro Arquétipo e os resultados não se farão esperar! Arquétipos são como física. Você entenda ou não ela está sendo aplicada a você.

Um indígena na Amazônia pode nunca ter ouvido falar de Isaac Newton, mas a Lei da Gravidade continua funcionando para ele. Ele pode nunca ter ouvido falar de Jung, mas os Arquétipos continuam funcionando nele.

Este é o problema de se ter conhecimento ou não. É por isso que na prática, não é necessário ensinar física ao indígena. Basta ele saber que não deve saltar da árvore! Basta um cacique e um pajé para o problema estar resolvido ou nem ser criado. Porém, se nem o cacique e nem o pajé ouviram falar de Newton ou Jung, a situação ficará complicada.

A receita para o crescimento e a prosperidade já é conhecida, conforme o leitor pode ler em *A Riqueza e a Pobreza das Nações* - Landes, ou em *A Grande Transformação* - Polanyi. A questão sempre é mental, no sentido que nós escolhemos os símbolos que queremos trabalhar e eles governam nossas emoções, por meio dos neurotransmissores. Adotando-se a simbologia correta, uma pessoa, empresa, instituição ou país terá de crescer.

Veja o que John Naisbitt fala sobre simbologia no livro *Paradoxo Global* e entenderão a importância de um Arquétipo para um país.

O comércio exterior de qualquer país poderia ser muito beneficiado com o uso de Arquétipos de crescimento econômico. O número de pessoas envolvidas em comércio exterior em um país é, relativamente, pequeno e poderia receber o treinamento adequado para implementar agressivamente, as exportações do país.

A atitude de vender com eficiência é produto da existência de determinados neurotransmissores. É preciso insistir nisso até que seja entendido.

Hospitais

Os hospitais teriam muito a ganhar trocando a simbologia usada para Arquétipos positivos e fortes. Como a atividade, da maioria dos hospitais, envolve doença e morte é indispensável mudança de simbologia e Arquétipos.

Temos inúmeros depoimentos de funcionários de hospitais sobre os problemas emocionais que enfrentam, por terem de lidar com a doença e a morte. Justamente esses funcionários precisariam ter acesso a ferramentas arquetípicas para equilibrarem a produção de seus neurotransmissores.

Associações Amigos de Bairro

Tudo que foi dito sobre as associações de empresários pode ser usado aqui. Estas associações têm o local pronto para ser utilizado na difusão do conhecimento de como funcionam os Arquétipos e as possibilidades de crescimento com eles.

Além da parte recreativa, deveria ser incentivado o crescimento e a prosperidade do bairro. Isso é perfeitamente possível de ser feito. O conhecimento já existe, é só aplicar.

Restaurantes, mercados e padarias

Os restaurantes são lugares ideais para a utilização correta dos Arquétipos, porque nestes lugares temos decoração esmerada, com quadros, som ambiente, odores, plantas etc. Toda a percepção do cliente está alterada para se sentir bem e satisfeito.

Pequenas mudanças na decoração e no emocional do proprietário significam multiplicar o faturamento por muitas vezes. Temos vários casos assim.

Por incrível que pareça existem locais com estas atividades em que a percepção sensorial do cliente nem é cuidada. Devem achar que isso nem existe, tal o descaso. Vem à questão: Qual é o problema para um empresário deste setor crescer? É só por falta de conhecimento do que estamos explicando.

Os sentidos humanos são regidos por Arquétipos extremamente poderosos e seus resultados imediatos. Tudo é questão de bioquímica. Alterado isso o cliente está feliz e satisfeito.

Outra vez volta à questão da autossabotagem. Quando o negócio passa a crescer a tendência do empresário é fazer algo a fim de parar o crescimento. Esse é o real problema.

Ferramentas

Existem inúmeras técnicas e ferramentas para se trabalhar com Arquétipos. Como os Arquétipos existem em várias formas é possível trabalhar com eles em termos visuais, auditivos, olfativos etc. A humanidade angariou, ao longo de milênios, enorme conhecimento sobre a atuação dos Arquétipos em todo tipo de sociedade humana. Infelizmente, faz tempo que esse conhecimento foi relegado a segundo plano e levou-se dezenas de séculos para ele começar a ser resgatado. Ainda é um mistério para a maioria das pessoas.

É possível, com estas técnicas, usar o Arquétipo ideal para cada situação e obter seus resultados com certeza.

Na área emocional do ser humano podemos controlar o nível dos neurotransmissores e com eles o comportamento humano. Não existe limite em nenhuma aplicação, seja civil ou militar.

É um conhecimento extremamente valioso. Anos atrás, um famoso mitólogo foi convidado a ministrar palestras sobre o tema, ao ministério exterior de um importante país. São ferramentas estratégicas por excelência, pois a produtividade obtida com elas é gigantesca.

Não existe problema que não possa ser resolvido com o uso de Arquétipos. Porém, é preciso mudar de paradigma para poder entender como funcionam. Jung descreveu detalhadamente o tema, mas mesmo assim não foi entendido ainda.

Este livro poderia ter centenas de páginas ou vários volumes e ficaríamos na mesma situação. As pessoas somente aceitam que Arquétipos existem quando veem sua ação na vida prática. Aí, por mais perplexas que estejam elas não podem recusar o que estão vendo. Os resultados falam por si só.

Temos clientes paralisados de perplexidade após constatarem que aquilo que dissemos que aconteceria, aconteceu. O Arquétipo funcionaria daquela forma. Portanto, não é questão de não saber o que fazer, mas de vontade de fazê-lo.

Epílogo

Prosperidade é uma Escolha

Depois de tudo que foi explicado neste livro, fica mais do que claro que a questão da prosperidade, em todos os setores, depende apenas da decisão pessoal do leitor. O conhecimento já disponível permite crescimento ilimitado dependendo apenas da definição dos objetivos e metas de quem o deseja.

Acredito que o conceito sobre o assunto pode ser entendido. Como é um conhecimento extremamente poderoso é necessário muito cuidado com o seu manuseio.

Existe gigantesca literatura sobre este tema em todas as áreas envolvidas. Era necessário fazer uma síntese destas várias áreas para atingir novo patamar de aplicação dos Arquétipos.

Os Arquétipos comandam toda a nossa vida emocional e grande parte da vida racional, considerando que dificilmente as pessoas tomam decisões racionais.

Cabe a você controlar os Arquétipos que vê e ouve todos os dias, decidindo que sentimentos deseja sentir. O importante é que usando os Arquétipos você assumirá o comando da sua vida em todos os sentidos. Não subestime o poder dos Arquétipos em mudar a sua vida. Use-os com sabedoria e prudência, dependendo do objetivo a alcançar.

Bibliografia Resumida

ARIELY, Dan. Massachusetts Institute of Technology. *Beleza Feminina provoca uma reação primária nos homens*. Revista Neuron, 13/11/2001.

AUGRAS, Monique. *Teste de Rorschach*. FGV.

BANDLER, Richard; LA VALLE, John. *Engenharia da Persuasão*. Rocco.

BEAUMONT, Émilie. *Mitologias*. Éditions Fleurus.

BECKER, Udo. *Dicionário de Símbolos*. Paulus.

BERENDT, Joachim-Ernst. *Nada Brahma*. Cultrix.

BIEDERMANN, Hans. *Dicionário Ilustrado de Símbolos*. Melhoramentos.

BLASCHKE, Jorge. *Enciclopedia de los Símbolos Esotéricos*. Hermética.

BOBBITT, Philip. *A Guerra e a Paz na História Moderna*. Campus.

BOHM David. *A Totalidade e a Ordem Implicada*. Cultrix.

BRANDÃO, Junito Souza. *Mitologia Grega*. 3 vol. Vozes.

CAMPBELL, Joseph. *As Máscaras de Deus: Mitologia Primitiva*. Palas Athena.

______. *As Máscaras de Deus: Mitologia Oriental*. Editora Palas Athena.

______. *Las Máscaras de Dios: Mitologia Occidental.* Alianza Editorial.

______. *Las Máscaras de Dios: Mitologia Creativa.* Alianza Editorial.

______. *Los Mitos, Kairós. Mitologia na Vida Moderna.* Rosa dos Tempos.

______. *O Poder do Mito.* Palas Athena.

______. *A Imagem Mítica.* Papirus.

______. *O Voo do Pássaro Selvagem.* Rosa dos Tempos.

______. *As Transformações do Mito Através do Tempo.* Cultrix.

______. *Mitos, Sonhos e Religião.* Ediouro.

______. *Isto és Tu.* Landy Editora.

______. *O Herói de Mil Faces.* Cultrix.

______. *Para Viver os Mitos.* Cultrix.

______. *Todos os nomes da Deusa.* Rosa dos Tempos.

CAPRA, Fritjof. *As Conexões Ocultas.* São Paulo: Cultrix.

______. *O Tao da Física.* São Paulo: Cultrix.

______. *A Teia da Vida.* São Paulo: Cultrix.

______. *Sabedoria Incomum.* São Paulo: Cultrix.

______. *O Ponto de Mutação.* São Paulo: Cultrix.

______. *Pertencendo ao Universo.* São Paulo: Cultrix.

CASCUDO, Câmara. *Dicionário do Folclore Brasileiro.* Ediouro.

CENTINI, M. *El Simbolismo Esotérico.* De Vecchi.

CHAMPAGNE, Patrick. *Formar a Opinião.* Petrópolis, Rio de Janeiro: Vozes, 1998.

CHEVALIER, Jean; GHEERBRANT, Alain. *Dicionário de Símbolos.* José Olympio Editora.

CIRLOT, Juan-Eduardo. *Dicionário de Símbolos.* Ed. Moraes.

CLAUSEWITZ, Carl Von. *Da Guerra*. Martins Fontes.

D'ALVIELLA, Conde Goblet. *A Migração dos Símbolos*. Pensamento.

DAMÁSIO, António M.D. *O Mistério da Consciência*. São Paulo: Companhia das Letras, 2000.

______. *O Erro de Descartes*. São Paulo: Companhia das Letras, 2000.

DI BIASE, Francisco. *Caminhos da Cura*. Vozes.

DICHTER, Ernest. *The Strategy of Desire*. Boardman, 1960.

EAKIN, Emil. *Looking for That Brain Wave Called Love*: Humanities Experts Use M.R.I.'s to Scan the Mind for the Locus of the Finer Feelings (NYT), October 28, 2000.

ELIADE, Mircea. *O Xamanismo e as Técnicas Arcaicas do Êxtase*. Martins Fontes.

______. *Tratado de História das Religiões*. Martins Fontes.

ÉSQUILO. *Prometeu Acorrentado*. Jorge Zahar.

______. *Orestia*. Jorge Zahar.

______. *A Trilogia de Orestes*. Ediouro.

EURÍPEDES. *Medeia, Hipólito, As Troianas*. Jorge Zahar.

______. *Ifigênia em Áulis, As Bacantes, As Fenícias*. Jorge Zahar.

FREUD, Sigmund. *Obras completas*. Imago.

GOFF, D. C.; COYLE, J. T. *The Emerging Role of Glutamate in the Pathophysiology and Treatment of Schizonphrenia*. Journal of Psychiatry, Vol. 158, n.9, p. 1367-1377, setembro 2001.

GOLDSTEIN, A. *Thrills in response to music and other stimuli*, in. Physiological Psychology, 8(1), 126-129, 1980.

GOLEMAN, Daniel. *A Mente Meditativa*. São Paulo: Ática.

______. *Inteligência Emocional*. Rio de Janeiro: Objetiva.

______. *Mentiras essenciais, verdades simples*. Rio de Janeiro: Rocco.

GOSWAMI, Amit. *O Universo Autoconsciente*. Rosa dos Tempos.

______. *A Janela Visionária*. Cultrix.

GREENE, Brian. *O Universo Elegante*. Companhia das Letras.

GROF, Stanislav. *Além do Cérebro*. São Paulo: McGraw-Hill Ltda.

GROSSATO, Alessandro. *El libro de los Símbolos*. Grijalbo.

GUYTON, Arthur C. M.D. *Neurociência Básica*. Rio de Janeiro: Guanabara Koogan, 1993.

HARVEY, John. Unesp.

HAWKING, Stephen. *O Universo numa Casca de Noz*. Mandarim.

HEISENBERG, Werner. *A Parte e o Todo*. Contraponto.

Física & Filosofia, UNB.

HESÍODO. *A Origem dos Deuses*. Iluminuras.

HILLMAN, James. *Psicologia Arquetípica*. Cultrix.

______. *Tipos e Poder*. Cultura Editores Associados.

______. *Encarando os Deuses*. Cultrix.

História Das Nações, 4 vols. Rio de Janeiro: Empresa de Publicações Modernas.

HOMERO. *Ilíada*. Ediouro.

______. *Odisséia*. Ática

JUNG, Carl. G. *Obras Completas*. Vozes.

______. *Memórias Sonhos Reflexões*. Nova Fronteira.

______. *O Homem e seus Símbolos*. Nova Fronteira.

KAKU, Michio. *Hiperespaço*. Rocco.

KHUN, Thomas S. *The Structure of Scientific Revolutions*. University of Chicago Press, 1970.

KOCH, Rudolf. *O Livro dos Símbolos*. Vida Editora.

LANDES, David S. *Riqueza e a Pobreza das Nações*. Rio de Janeiro: Campus.

LE DOUX, Joseph. *O Cérebro Emocional*. Rio de Janeiro: Objetiva, 1998.

LENT, R. *Cem bilhões de neurônios. Conceitos fundamentais de Neurociência*. Editora Atheneu. 2002.

LEXIKON, Herder. *Dicionário de Símbolos*. Cultrix.

LURKER, Manfred. *Dicionário de Simbologia*. Martins Fontes.

MACLAGAN, David. *Mitos da Criação*. Ed. Del Prado.

MILLER, Clyde R. *The Process of Persuasion*. Crown Publishers New York, 1946.

MOLES, Anna; KIEFFER, Brigitte L.; D'AMATO, Francesca R. *Déficit in Attachment Behavior in Mice Lacking the μ-Opioid Receptor Gene*, in: Science 25 June 2004; 304: 1983-1986.

NAISBITT, John. *Paradoxo Global*. Rio de Janeiro: Campus.

NESTLER, Eric. J.; MALENKA, Robert C. *The molecular basis of Neuropharmacology*. McGraw-Hill, 2001.

PERRUDIN, Françoise. *Civilizaciones Antiguas*. Éditions Fleurus.

PHILIP, Neil. *O Livro Ilustrado dos Mitos*. Ed. Marco Zero.

POLANYI, Karl. *A Grande Transformação*. Ed. Campus.

PRIGOGINE, Ilya. *As Leis do Caos*. Unesp.

______. *Do Ser ao Devir*. Unesp.

______. *O Fim das Certezas*. Unesp.

RANK Otto. *El Trauma Del Nacimiento*. Paidós Studio.

REICH, Wilhelm. *Análise do Caráter*. Martins Fontes, 1998.

______. *Psicologia de Massas do Fascismo*. Martins Fontes.

SAPOLSKY, Robert. *Assumindo o Controle do Estresse*. Revista Scientific American Brasil, n. 17, outubro 2003.

SCHOMMER, Alberto. *Espacios de Poder*. El Escorial, Caja de Madrid.

SCHULTHEISS, Oliver. *Estudo aponta influência do cinema sobre os hormônios*, in Revista Hormones and Behavior. University of Michigan News Service, 412 Maynard, Ann Arbor, MI 48109.

SINGER, Emily. *Pleasing names make faces sexier*. New Scientist, UK, Aug 11, 2004.

SÓFOCLES. *Rei Édipo*. Ed. Peixoto Neto.

______. *Antígona*. Paz e Terra.

______. *A Trilogia Tebana*. Jorge Zahar.

TAYLOR, Eldon. Subliminal Communication, Progressive Awareness Research Inc., USA. *Thinking Without Thinking: Who's in control of your mind?* R.K. Book, USA.

VIRGILIO. *Eneida*. Cultrix.

WILBER, Ken. *O Paradigma Holográfico*. Cultrix.

WILKINSON, Philip. *O Livro Ilustrado da Mitologia*. Publifolha.

ZIMMER, Heinrich. *Mitos e Símbolos na Arte e Civilização da Índia*. Ed. Palas Athena.

Sites de interesse – Lista parcial

(último acesso em julho 2021)

Neurotransmissores

https://super.abril.com.br/ciencia/falta-de-dopamina-pode-estar-por-tras-do-alzheimer/

Controle neuroendócrino da massa óssea: mito ou verdade?

http://www.scielo.br/scielo.php?script=sci_arttext&pid=S0004-27302003000400017&lng=en&nrm=iso&tlng=pt

http://web.indstate.edu/thcme/mwking/nerves.html

http://www.everydayhealth.com/bipolar-disorder/what-is-bipolar-disorder.aspx

http://www.emedix.com.br/not/not2003/03dez14psi-acer-bsn-alcoolismo.php

http://www.benbest.com/science/anatmind/anatmd10.html

http://www.cnpq.br/

http://www.unifesp.br/

http://www.benbest.com/science/anatmind/anatmd10.html

http://www.biopsicologia.net/Nivel-2-Glosario/Metabolito-Glutamato.html

http://www.emedix.com.br/not/not2000/00ago10neu-ucsf-uri-cerebro.php

https://www.uff.br/

http://www.ufrgs.br/ppgneuro/paginas/ppgn_1linpesq.htm

http://www.benbest.com/science/anatmind/anatmd8.html

http://www.ciencias.ulisboa.pt/dqb/disciplinas/neuroquimica.html

http://qmc.ufsc.br/

http://www.nutricaoempauta.com.br

http://www.plenamente.com.br/

https://psiqweb.net/

http://www.scielo.br/scielo.php?script=sci_arttext&pid=S1516-44462003000600013&lng=pt&nrm=iso&tlng=pt

http://www.esi-topics.com/schizophrenia/interviews/Dr-Daniel-Javitt.html

http://www.sciencedirect.com/science/journal/00913057?oldURL=y

https://afh.bio.br/sistemas/nervoso/1.php

http://container2.netsite.com.br/sobrage/resultado_busca.asp

http://www.furtado.com.br/sono/Normal_Neurot.html

http://www.benbest.com/science/anatmind/anatmind.html

http://sciencewatch.com/

Endorfinas

http://www.affymetrix.com/community/wayahead/microarrays_shed_light_on_depression.affx

http://www.ncbi.nlm.nih.gov/entrez/query.fcgi?cmd=Retrieve&db=PubMed&list_uids=738523&dopt=Abstract

http://www.ncbi.nlm.nih.gov/entrez/query.fcgi?cmd=Retrieve&db=PubMed&dopt=Citation&list_uids=6250104

http://stress.about.com/cs/exercise/a/aa072003a.htm

http://socialecology.uci.edu/

https://www.healthline.com/health/endorphins

https://www.biorxiv.org/content/10.1101/2020.03.24.006577v1.full

http://www.pbs.org/wgbh/aso/thenandnow/humbeh.html

http://www.autism.org/social.html

https://serendipstudio.org/bb/neuro/neuro05/web2/mmcgovern.html

https://www.musiccognition.osu.edu/

https://www.heartmath.org/

http://www.medscape.com/content/2002/00/44/26/442677/442677_ref.html

Natural Killer Cell

https://www.immunology.org/public-information/bitesized-immunology/cells/natural-killer-cells

https://www.scielo.br/j/ramb/a/wqXSzKkjMyWJSphKfztsxRp/?lang=en

Efeito placebo

http://www.ncbi.nlm.nih.gov/pubmed/6308540?dopt=Abstract

O Efeito placebo, dopamina e Mal de Parkinson

https://www.newscientist.com/article/dn4996-placebos-effect-revealed-in-calmed-brain-cells/

Dopamina

http://busca.estadao.com.br/?q=dopamina+

https://www.utexas.edu/search/results?query=dopamine

http://www2.unifesp.br/dpsicobio/drogas/coca.htm

https://zenklub.com.br/blog/saude-bem-estar/bupropiona-ansiedade/

Serotonina

http://www.biopsicologia.net/Nivel-3-participacion-plastica-y-funcional/4.1.1.-Triptofano.html

http://www.everydayhealth.com/depression/what-is-depression.aspx

https://psiqweb.net/?s=serotonina

http://www.everydayhealth.com/emotional-health/anxiety/index.aspx

https://www.omicsonline.org/open-access/serotonin-and-sexual-dysfunction-2161-0479-1000e129.php?aid=52469 http://www.sospsiquiatria.com/sos-depressao.html

http://www.humanas.ufpr.br/portal/

https://brasil.elpais.com/brasil/2015/10/07/estilo/1444209730_702668.html

Teste *Brain Fingerprinting*

http://www.brainwavescience.com

https://www.ncbi.nlm.nih.gov/pmc/articles/PMC3311838/

John Watson

http://www.pbs.org/wgbh/aso/databank/entries/bhwats.html

http://allpsych.com/biographies/watson.html

The B.F. Skinner Foundation

https://www.bfskinner.org/

The Journal of Mind and Behavior

https://umaine.edu/jmb/

https://www.jstor.org/journal/jmindbehavior

http://www.journals.elsevier.com/neuroscience-and-biobehavioral-reviews

https://www.resurchify.com/impact/details/30013

The Pavlovian Society

https://campus.albion.edu/pavlovian/

Integrative Physiological & Behavioral Science

https://www.springer.com/journal/12124

Louis Cheskin

http://persuasionesubliminale.it/cenni-teorici/persuasori-noti/louis-cheskin/

https://www.fullbiz.com.br/ux-e-design,as-primeiras-impressoes-sobre-seu-produto-ou-servico

http://www.colormatters.com

The Advertising Research Foundation

http://thearf.org/

Institute for Color Research

http://www.ccicolor.com

Motivation Research

https://www.apa.org/science/about/psa/2018/06/motivation

https://www.researchgate.net/publication/277708171_Motivation_Research

http://marketing.about.com/library/glossary/Marketing_Terms/bl-def-motiveresearch.htm

https://www.frontiersin.org/articles/10.3389/fpsyg.2019.01730/full

Ernest Dichter

http://revistapress.com.br/advertising/ad-grandes-nomes/ernest-dichter-o-pai-da-pesquisa-motivacional/

Freud Museum

http://www.freud.org.uk/

http://www.psychoanalysis.org/

Otto Rank

https://revistacult.uol.com.br/home/a-luz-da-angustia/

https://www.britannica.com/biography/Otto-Rank

http://www.birthpsychology.com/healing/review2.html

http://mind-brain.com

Albert Bandura

https://revistaeducacao.com.br/2021/01/18/aprendizagem-social-al/

http://metacognicao.com.br/wp-content/uploads/2018/03/Albert--Bandura-biografia.pdf

https://criminology.fsu.edu/

https://www.efdeportes.com/efd145/teoria-social-cognitiva-de-albert-bandura.htm

H.J. Eysenck

https://pt.wikipedia.org/wiki/Hans_Eysenck

https://www.verywellmind.com/hans-eysenck-1916-1997-2795509

Escola Superior de Propaganda e Marketing

https://www.espm.br/

Business Source Premier

https://www.ebscohost.com/

Global Market Information Database – GMID

http://www.asu.edu

https://lib.asu.edu/

http://rdl.lib.uconn.edu/databases/1114

ISI – Emerging Markets

http://www.securities.com/

The Scholarly Journal Archive

http://www.jstor.org/

Business Collection

http://www.library.umass.edu

Harvard Business Review América Latina

http://hbrbr.com.br/

https://hbr.org/

Arts & Sciences I Collection

http://www.pbm.com/~lindahl/arts_and_sciences.html

http://www.oscars.org/filmarchive/

http://about.jstor.org/content/arts-sciences-i

https://sistema.bibliotecas.fgv.br/

Macrométrica

http://www.macrodados.com.br/

Banco de Dados

https://www.ingenta.com/

Base de Dados

https://www.aeaweb.org/econlit/

American Psychological Association

http://www.apa.org/

The Society for Applied Anthropology

http://www.sfaa.net/

American Marketing Association

https://www.ama.org/Pages/default.aspx

American Management Association

http://www.amanet.org/default.aspx

Designers

https://webflow.com/blog/web-page-design

https://www.aiga.org/

https://www.facebook.com/ukwda/

Journal of Marketing

http://biz.colostate.edu/marketing/Pages/default.aspx

Alfred Korsybski

http://www.generalsemantics.org/

http://en.wikipedia.org/wiki/Alfred_Korzybski

http://www.gestalt.org/alfred.htm

https://www.neurosemantics.com/

http://www.fact-index.com/a/al/alfred_korzybski.html

http://www.brainyquote.com/quotes/authors/a/alfred_korzybski.html

Alfred North Whitehead

http://plato.stanford.edu/entries/whitehead/

https://www.infopedia.pt/$alfred-north-whitehead

Emile Durkheim

https://brasilescola.uol.com.br/biografia/emile-durkheim.htm

http://www.sociologyonline.co.uk/

http://www.marxists.org/reference/subject/philosophy/works/fr/durkheim.htm

http://www.rorschach.com/

The Public Ralations Journal

https://www.tandfonline.com/toc/hprr20/current

https://www.prsa.org/Intelligence/PRJournal/#.VonAzrYrLIU

Harvard Business Review

https://cb.hbsp.harvard.edu/cbmp/pages/home

Abraham H. Maslow

http://www.maslow.com/

http://facultyweb.cortland.edu/

http://web.cortland.edu/andersmd/MASLOW/HOMEPAGE.HTML

Alfred Adler

https://febrapsi.org/publicacoes/biografias/alfred-adler/

http://www.behavior.net

Carl G. Jung

https://jungpage.org/

https://junghouston.org/knowledge-center/

http://www.cgjungboston.com/

http://fundacion-jung.com.ar/

http://www.junginla.org/

http://junguiano.net.br/links.htm

https://pt.slideshare.net/perlavyre/carl-jung-presentacion/3

https://junginstitut.ch/en/

https://sfjung.org/

http://www.jungchicago.org/

Joseph Campbell

http://www.jcf.org/

http://www.cienciasecognicao.org/portal/?p=6287

Mircea Eliade

https://www.infoescola.com/filosofia/o-pensamento-de-mircea-eliade/

http://www.ihu.unisinos.br/noticias/505125-oreligiosomirceaeliadenoterritoriodosvampiros

Jonh Weir Perry

https://www.tandfonline.com/doi/abs/10.1080/00332929708403310?journalCode=upyp20

http://www.tygersofwrath.com/psychosis.htm

James Hillman

http://www.mythosandlogos.com/Hillman.html

http://www.jungatlanta.com/DecodingHillman.html

Royal College of Psychiatrists

https://www.rcpsych.ac.uk/

http://www.rcpsych.org/

National Library of Medicine

http://www.ncbi.nlm.nih.gov/pubmed/1342030?dopt=Abstract

Programa Biblioteca Eletrônica

https://cienciaesociedade.wordpress.com/bibliotecas-virtuais/probe-programa-biblioteca-eletronica/

Atlas

http://www.med.harvard.edu/AANLIB/home.html

The Journal of Neuroscience

http://www.jneurosci.org/

Harvard

https://www.harvard.edu/

http://library.harvard.edu/

American Academy of Neurology

http://www.neurology.org/

Archives of Neurology

https://jamanetwork.com/journals/jamaneurology

New Scientist

Placebo effect revealed in calmed brain cells -16 May 2004:

https://www.newscientist.com/article/dn4996-placebos-effect-revealed-in-calmed-brain-cells/

European College of Neuropsychopharmacology

https://www.ecnp.eu/

American Psychological Science

http://www.psychologicalscience.org/

The American Journal of Psychiatry

http://ajp.psychiatryonline.org

Institute of Psychiatry

http://www.kcl.ac.uk/ioppn/index.aspx

The Journal of Nervous and Mental Disease

http://www.jonmd.com/pt/re/jnmd/home.htm;jsessionid=Ak-dXmODsTaetGkYh1QROoN6w6xB3tRoID5ggOc5bq4g8shy41HOv!-90723528!-949856032!9001!-1

The Journal of the American Medical Association

http://jama.ama-assn.org/

The New England Journal of Medicine

http://www.nejm.org/

Nature Publishing Group

http://www.nature.com/nature/index.html

http://www.nature.com/neuro/

American Association for the Advancement of Science

http://www.aaas.org/

American Medical Association

http://www.ama-assn.org/

Medline plus

https://www.nlm.nih.gov/medlineplus/

U.S. National Library of Medicine

http://www.nlm.nih.gov/

National Institutes of Health

http://www.nih.gov/

Instituto de Psicologia - USP

http://www.ip.usp.br/portal/

Laboratory of Neuro Imaging

http://www.loni.usc.edu/

Neuropsychiatric Institute - UCLA

http://www.npi.ucla.edu/

Journal of Neural Engineering

http://iopscience.iop.org

Neuro-Psychoanalysis

https://npsa-association.org/

Neurologia

https://www.cell.com/neuron/home

Nature Neuroscience

https://www.nature.com/neuro/

https://www.nature.com/articles/s41467-019-13658-5

http://www.nature.com/subjects/neuroscience

SAGE Publications

https://us.sagepub.com/en-us/sam/home

The Lancet

http://www.thelancet.com/

The Lancet Neurology

http://neurology.thelancet.com/

Biblioteca Médica

http://www.bibliomed.com.br/

Biblioteca Virtual em Saúde

https://www.bvsenvelhecimento.icict.fiocruz.br/

Sistema Integrado de Bibliotecas da USP

http://www.sibi.usp.br/

Sistema de Bibliotecas da Unicamp

http://www.sbu.unicamp.br/

Capes – Portal de Periódicos

http://www.periodicos.capes.gov.br/

Bibliotecas Virtuais em saúde História e Patrimônio Cultural

http://hpcs.bvsalud.org/vhl/temas/historia-saberes-medicos/periodicos-medicos/

Arquivos de Neurologia

http://archneur.jamanetwork.com/journal.aspx

Revista Forbes

http://www.forbes.com/

Revista Fortune

http://www.fortune.com

Pesquisa sobre tortura

https://pt.wikipedia.org/wiki/Experi%C3%AAncia_de_Milgram

https://edisciplinas.usp.br/pluginfile.php/832874/mod_resource/content/1/Os%20perigos%20da%20obediencia.pdf

Cognitive and Psychological Sciences on the Internet

https://psychology.stanford.edu/

Enciclopédia Britânica

http://www.britannica.com/

Biblioteca Médica

http://www.bibliomed.com.br/

Medline Plus

https://www.nlm.nih.gov/medlineplus/encyclopedia.html

Proceedings of the National Academy of Sciences

https://www.pnas.org/

Biblioterca Cochrane Bireme

https://www.cochrane.org/pt/evidence

Contra-terrorismo

Detection of FBI Agents using Brain Fingerprinting Technology

A New Paradigm for Psychophysiological Detection of Concealed Information:

http://www.brainwavescience.com/brainfingerprintingtechnology.html

Mídia Política

http://www.bbc.co.uk/portuguese/noticias/story/2004/05/040525_caioblinderrc.shtml

http://www.nytimes.com/2004/05/25/us/campaign-ads-are-under-fire-for-inaccuracy.html?_r=0

The New York Times

https://www.nytimes.com/

Esta obra foi composta em Sabon e
impressa sob demanda em sistema digital.
Corresponde ao consumo de 7,5 árvores
reflorestadas sob a norma ISO 14.001.
Recicle Sempre.

Made in the USA
Monee, IL
11 November 2026

68341134R00083